Parcere Subiectis
et Debellare Superbos

*„Die Schwachen schonen,
die Übermütigen besiegen"*

– Tugendsatz der Alten Römer

Konstantin Groß

Frei und fit

100 Jahre TSG Mannheim-Rheinau

Herausgegeben von der Turn- und Sportgemeinde
Mannheim-Rheinau 1901 e.V.

*Gewidmet all jenen Mitgliedern des Jubiläumsvereins,
die für ihre demokratische Gesinnung
benachteiligt oder verfolgt wurden.*

© 2001 by Konstantin Groß, Mannheim

Autor: Konstantin Groß, Mannheim-Rheinau
Herstellung und Verlag: Druckerei Stöckl, Mannheim-Neckarau
Umschlaggestaltung:
Grafik-Büro KARTOGRAPHIE Peh & Schefcik, Eppelheim
Herausgeber: Turn- und Sportgemeinde Mannheim-Rheinau e.V.
V.i.S.d.P.: Vorsitzender Peter Klug

Die bibliographischen Daten des Werkes lauten:
Groß, Konstantin: Frei und fit. 100 Jahre TSG Mannheim-Rheinau.
Verlag Druckerei Stöckl GmbH, Mannheim, 2001.

ISBN 3-9806908-4-9

Das Werk ist in all seinen Bestandteilen – Textbeiträgen und Abbildungen – urheberrechtlich geschützt. Die Rechte liegen, soweit nicht anders vermerkt, beim Autor. Die Verwendung aller in diesem Werk enthaltenen Abbildungen und Texte, auch auszugsweise, in anderen Publikationen – auch im Internet – ist untersagt und bedarf der vorherigen und schriftlichen Genehmigung des Autors. Zuwiderhandlungen werden automatisch juristisch verfolgt.

Inhalt

Zum Geleit
*Der Bundeskanzler der
Bundesrepublik Deutschland, Gerhard Schröder*   10

*Der Ministerpräsident des Landes
Baden Würtemberg, Erwin Teufel*   12

Vorwort des Autors   14

1. **Wie alles wurde: Historische Entwicklung des Vereins**   17

2. **Was sich so abspielt: Bestehende Abteilungen**
2.1. *Die Fußball-Abteilung*   60
2.2. *Die AH*   76
2.3. *Privatmannschaft TSG Juventus Rheinau*   81
2.4. *Die Jugendarbeit*   82
2.5. *Die Gymnastik-Abteilung*   94
2.6. *Die Tischtennis-Abteilung*   100

3. **Nur noch Erinnerung: Frühere Abteilungen**
3.2. *Die Handball-Abteilung*   108
3.3. *Die Box-Abteilung*   122

4. **Jenseits der Tabellen: das Leben des Vereins**
4.1. *Die Anlage*   124
4.2. *Die Gaststätte*   136
4.3. *Veranstaltungen*   144
4.4. *Die Vorsitzenden*   152

5. **Profile: Menschen im Verein**
5.1. *Ludwig Gärtner*   166
5.2. *Karl Vogel*   170
5.3. *Willi Barth*   174
5.4. *Boris Bockelmann*   178
5.5. *Max Nagel*   182
5.6. *Maurizio Gaudino*   185

6. **Wer · Wann · Was: Statistik**
6.1. *Die TSG im Jubiläumsjahr*   190
6.2. *Zeittafel*   192
6.3. *Der Vereinsnamen*   194

7. **In eigener Sache**
7.1. *Informationen über den Autor*   198
7.2. *Sponsorenliste und Bildnachweis*   201
7.3. *Literaturhinweise*   202
7.4. *Personenverzeichnis und Schlagwörter*   210

Zum Geleit

DER BUNDESKANZLER
DER BUNDESREPUBLIK DEUTSCHLAND

*Liebe Mitglieder der Turn- und Sportgemeinde,
liebe Sportlerinnen und Sportler,*

zum 100-jährigen Bestehen Ihres Sportvereins gratuliere ich Ihnen sehr herzlich.

Ihr Verein steht in der langen, ehrwürdigen Tradition der Arbeitersportbewegung, die Teil des umfassenden Bildungsangebots der frühen Arbeiterbewegung war. In den Sportvereinen damals wurde wohlverstandener sportlicher Ehrgeiz gefördert; es galt, gute Leistungen zu erbringen, dies aber niemals auf Kosten anderer. Damals wie heute wurde im Verein Solidarität innerhalb der Gruppe eingeübt, Kameradschaft gepflegt, und auch außerhalb des sportlichen Wettkampfes hatten die Sportlerinnen und Sportler oftmals die gleichen Ideale. Bis heute hat der Breitensport seine wichtige Funktion in der Gesellschaft behalten. Wie viel sportliche Befriedigung und Stärkung der eigenen Persönlichkeit aus einem gelungenen Mannschaftsspiel im Fußball zu gewinnen ist, weiß ich aus eigener Erfahrung.

Ihr Verein hat sich zusätzlich zur Aufgabe gemacht, herzkranken und geistig behinderten Menschen mit gezieltem sportlichen Training wieder zu mehr Lebensqualität zu verhelfen. Das ist ein gelungenes Beispiel für gelebte Solidarität in unserer Zeit.

Ich wünsche der TSG Rheinau viele sportbegeisterte Mitglieder und viel Erfolg für die nächsten hundert Jahre.

Mit herzlichem Gruß

Gerhard Schröder
Bundeskanzler der Bundesrepublik Deutschland

DER MINISTERPRÄSIDENT
DES LANDES BADEN WÜRTEMBERG

Liebe Mitglieder, Freunde und Gönner der TSG,

die Turn- und Sportgemeinde Rheinau e. V. hat in diesem Jahr besonderen Grund zur Freude, kann sie doch ihr 100-jähriges Bestehen feiern. Zu diesem Jubiläum, das auch in unserem Land mit seinem vielfältigen und traditionsreichen Vereinsleben ein besonderes Ereignis darstellt, gratuliere ich allen Mitgliedern, Freunden und Gönnern sehr herzlich.

Die TSG Rheinau hat die Höhen und Tiefen eines ganzen Jahrhunderts durchlebt und kann auf eine bewegte Geschichte zurück blicken. Heute präsentiert sich der Verein als lebendige und beliebte Gemeinschaft. Ob Fußball, Tischtennis, Gymnastik, Breiten- und Gesundheitssport – Jung und Alt finden ein attraktives Angebot zur sportlichen Betätigung und körperlichen Ertüchtigung. Zudem bietet die Ausübung im Verein dem Einzelnen Geborgenheit und Geselligkeit. Die Verantwortlichen beweisen auch besondere soziale Verantwortung, etwa mit der gezielten Einbindung von Geistigbehinderten.

Der Verein hat das sportliche, aber auch das gesellschaftliche Leben in Mannheim-Rheinau wertvoll bereichert. Wie viele andere Organisationen in unserem Land lebt auch die TSG Rheinau dabei vom ehrenamtlichen Einsatz und vom Idealismus zahlreicher Funktionsträger, Trainer, Helfer und Betreuer, ohne die Vieles im Verein nicht möglich wäre. Diese Menschen leisten wertvolle Arbeit und verdienen Dank und Anerkennung.

Besonders verdienstvoll ist die praktizierte Jugendarbeit, zumal der Sport die Erziehung der Jugendlichen zu Tugenden wie Fairness, Teamgeist und Solidarität fördert. Dies sind Werte, die auch im

Alltag von großer Bedeutung sind.

Ich wünsche der Turn- und Sportgemeinde Rheinau auch weiterhin ein unbeschwertes und erfolgreiches Vereinsleben und allen Mitgliedern viel Freude bei ihren gemeinsamen Aktivitäten.

Mit herzlichen Grüßen

Erwin Teufel
Ministerpräsident des Landes Baden-Württemberg

Vorbemerkung des Autors

Wer seine Geschichte, seine Herkunft nicht kennt, der lebt eigentlich unvollständig. Bei Waisen und Adoptivkindern erleben wir das Phänomen, dass sie unmittelbar nach Einsetzen selbstständigen Denkens unweigerlich die Ursprünge ihres Seins erforschen. Der Mensch will wissen, ja er muss wissen, woher er kommt. Bei einer Gruppe von Menschen, einem Verein, ist dies nicht anders.

Insofern ist es richtig und wichtig und mehr als nur ein Ritual, dass die Turn- und Sportgemeinde Rheinau aus Anlass ihres 100-jährigen Bestehens eine Darstellung ihrer Entstehung und ihrer seitherigen Entwicklung heraus bringt und für eine inhaltlich wie im äußeren Erscheinungsbild repräsentative Ausgestaltung derselben auch eine finanzielle Kraftanstrengung unternimmt. Ich vermeide bewusst den Begriff Festschrift, denn Konzept und Ausgestaltung dieses Werkes gehen weit darüber hinaus: Abgesehen von dem über die reine Vereinsgeschichte hinausgreifenden Inhalt zeugen die Festsetzung eines „richtigen" Buchtitels, der Verzicht auf Grußworte von Verbandsfunktionären und Lokalpolitikern sowie der Ausschluss von Werbung von dem Anspruch von Autor und Verein, ein Werk zu schaffen, das den Rahmen üblicher Festschriften verlässt. Ob dies gelungen ist, muss jeder Leser nach der Lektüre natürlich selbst beurteilen.

Die Voraussetzung für die Abfassung eines Werkes, das exakte historische Sachverhalte ebenso enthält wie menschliche Begebenheiten, waren im vorliegenden Fall ausgezeichnet. Die TSG hat in ihrer bisherigen Geschichte eine vorbildliche Festschriften-Kultur gepflegt; auch zu weniger runden Jahrestagen wie dem 60- oder 65-jährigen Bestehen hat sie Veröffentlichungen heraus gebracht, auf die zurück gegriffen werden konnte.

Aus dem Vollen schöpfen konnte der Autor bei der Bebilderung des Werkes. Sowohl der Verein als Ganzes als auch die aktiven Mitglieder verfügten über einen reichen Fundus an Fotos. Bei der Auswahl hat der Autor versucht, Motive über die bei Sportvereinen natürlicherweise überdurchschnittlich verbreiteten Mannschaftsfotos hinaus zu finden; das war nicht immer möglich. Je mehr man sich dem Gründungszeitpunkt näherte, desto schwieriger wurde dies. Für die ersten Jahre des Vereins fehlen Abbildungen leider nahezu völlig; und waren dennoch welche vorhanden, so waren selbst ungefährer Zeitpunkt sowie die Namen der abgebildeten Personen kaum mehr zu ermitteln; Männer und Frauen der „ersten Stunde"

lebten naturgemäß längst nicht mehr, ihre Nachkommen hatten die Fotos zwar aus dem Nachlass übernommen und stellten sie auch gerne zur Verfügung, konnten allerdings oftmals auch keine näheren Angaben machen. So bleibt manche Lücke und manche Unklarheit, und trotz aller Sorgfalt wird sich vielleicht sogar eine falsche Identifizierung eingeschlichen haben. Für Letzteres wird schon jetzt um Entschuldigung und Korrektur gebeten.

Überhaupt: Alle Daten, Fakten und Vorgänge sind nach bestem Wissen und Gewissen recherchiert, bearbeitet und veröffentlicht worden. Das gesamte Manuskript wurde vom Vorsitzenden der TSG, seinem Stellvertreter und dem seit über 25 Jahren im Vorstand tätigen Schatzmeister gegengelesen. Für die Korrektur von Fehlern, die sich dennoch eingeschlichen haben sollten, sowie für andere Hinweise zu dem Werk ist der Autor dankbar. Alle Leser seien ausdrücklich ermuntert, diesbezüglich auf mich zuzukommen.

Mein Dank gilt den Mitgliedern des Jubiläumsausschusses, Manfred Hipp und Dieter Schmidt, von denen die Initiative ausging, mich mit der Ausarbeitung dieses Werkes zu beauftragen, sowie vor allem natürlich dem Vorstand der TSG unter Vorsitz von Peter Klug, der diesen Auftrag schließlich erteilte. Für mich war es eine große Ehre, für diesen traditionsreichen Verein dieses für seine Geschichte zentrale Werk schaffen zu dürfen; aber es war auch eine Freude, eine Herausforderung für mich als Historiker, ist dieser Verein doch ein Spiegelbild der Geschichte des deutschen Sports in diesem Jahrhundert, ja durch sein Schicksal während des Dritten Reiches der deutschen Geschichte schlechthin.

Bei der inhaltlichen Ausarbeitung ließ mir der Vorstand völlig freie Hand. Ihm war klar: Wer mich als studierten Historiker und dazu noch der Objektivität verpflichteten unabhängigen Journalisten beauftragt, der konnte kein unkritisches Jubelbuch erwarten. Ein solches ist es denn auch nicht geworden. Und so enthält dieses Buch Fakten und Wertungen, die, obgleich belegbar, manch überzeugtem Anhänger des Vereins arg im Magen liegen werden und für eine Jubiläumsveröffentlichung als zu kritisch und damit als entbehrlich erscheinen mögen. Doch die Darstellung von Leistungen und Erfolgen wird nur dann glaubhaft, wenn ebenso schonungslos Fehler und Niederlagen aufgezeigt werden.

In vielen Stunden haben mir Peter Klug, Werner Nüsgen und Hans Eisele mit unerschöpflicher Geduld meine Fragen beantwortet und bereitwillig Auskunft gegeben. Diese vielen Tischgespräche in der Vereinsgaststätte waren Erlebnisse, an die ich gerne zurück denke. Gleiches gilt für Rolf Knoblauch, den früheren Leiter der ehemaligen Box-Abteilung, sowie Jolande Ludwig, die unermüdliche Leiterin der Gymnastik-Abteilung. Mit großer Zuneigung und Dankbarkeit dachte ich in diesen Wochen auch an den unvergesslichen Ludwig Gärtner, der längst nicht mehr unter uns weilt. Die Gespräche mit ihm, den ich erst kennen lernte, als er bereits weit über 80 Jahre alt war, seine Erzählungen von Früher, gehören zu den Begebenheiten, die nicht nur für dieses Werk unerlässlich waren, sondern die ich auch ganz persönlich nicht missen möchte.

Ein ganz nachdrücklicher Dank gilt dem von Dieter Walter geleiteten Heimatverein Rheinau/Pfingstberg von 1982 e.V., namentlich dem stellvertretenden Vorsitzenden, Herrn Werner Stückle, der mir aus seinem privaten Archiv sowie aus dem Bestand des Heimatmuseums zahlreiche oftmals einmalige Dokumente und Fotos zur Verfügung gestellt hat. Ohne seine Unterstützung wäre dieses Buch so nicht möglich gewesen.

Schlussendlich darf mein Dank auch dem Herrn Bundeskanzler und dem Herrn Ministerpräsidenten gelten, die auf meine persönliche Bitte hin ein Geleitwort beisteuerten und dieses Werk damit mit einer Reputation versehen, die für Veröffentlichungen dieser Art keine Selbstverständlichkeit darstellt. Die Neckarauer Druckerei Stöckl schließlich hat das Ganze in gewohnt makelloser Weise technisch umgesetzt, wofür dem Geschäftsführenden Gesellschafter, Herrn Michael Stöckl, erneut meine Anerkennung gebührt.

Vor allem jedoch danke ich meiner lieben Frau Birgitt, die mich in der langen Zeit der Vorbereitung und Abfassung dieses Werkes in vielen Stunden, die eigentlich der gemeinsamen Freizeitgestaltung hätten dienen können, entbehren musste. Gleichwohl hat sie mein zeitlich aufwändiges und zuweilen auch nervlich aufreibendes Tun nicht nur ertragen, sondern aus vollem Herzen und mit ganzer Kraft unterstützt. Ohne ihr Mittun gäbe es dieses Buch nicht.

Ich danke allen anderen hier namentlich nicht Genannten, die mich in welcher Weise auch immer bei der Abfassung des Werkes unterstützt haben, sowie natürlich jenen, die es erworben haben. Für die Lektüre wünsche ich Ihnen viele interessante Erkenntnisse sowie ab und an auch mal ein Schmunzeln.

Konstantin Groß

1. Überblick über die Geschichte des Vereins

Wie alles wurde

Das Rheinaugebiet um die Jahrhundertwende.

Kern-Rheinau um die Jahrhundertwende: Entlang der Karlsruher Straße (rechte Bildhälfte) und der Stengelhofstraße (linke Bildhälfte) stehen erst wenige Häuser, der Rheinauer Wasserturm ist eingerüstet, also noch im Bau.

Die historische Entwicklung des Vereins

100 Jahre ist die TSG heuer alt. Zeitlich trennen uns über drei Generationen von den Gründervätern; was Anschauungen und Lebensweise betrifft, trennen uns gar Welten von ihnen. Wer die Geschichte des Vereins, der wir im Jubiläumsjahr mit so viel Aufmerksamkeit gedenken, verstehen will, der muss daher einen Blick werfen in die Zeit seiner Entstehung.

Das Leben um 1900

1901 – dieses Jahr liegt inmitten einer Epoche, von der wir nur allzu gerne als „guter alter Zeit" sprechen. In Wirklichkeit war auch diese Zeit nur für jene gut, für die alle Zeiten gut sind. Für die Mehrheit der Bevölkerung, gerade in Rheinau, einem von der Industrie geprägten Vorort, war sie bestimmt durch Lebensumstände, die wohl keiner von uns gegen unsere heutigen eintauschen würde.

Rheinau zählte um die Jahrhundertwende gerade mal 3000 Einwohner. Die Bebauung war vereinzelt und über den gesamten Ort verteilt, oftmals standen einzelne Gebäude „allein in der Landschaft"; man sprach von „Zahnlückenbauweise". Links und rechts der Relaisstraße zum Beispiel standen 32 Häuser mit zusammen 494 Bewohnern, darüber hinaus 16 Gebäude in der Stengelhof- und in der Karlsruher Straße sowie im Dänischen Tisch. In der Zwischenstraße standen 20 Siedlungshäuser mit Betriebswohnungen der Chemischen Fabrik Rheinau (der heutigen Th. Goldschmidt), die kurz zuvor, im Jahre 1900, errichtet worden waren.

Beherrschender Wirtschaftsfaktor war der Hafen. 1897 war das heutige Becken 21 mit 2000 Metern Länge und 60 Metern Breite fertig gestellt worden, das bald schon nicht mehr ausgereicht hatte. 1899 folgten daher die Becken 22 und 23 mit 1.200 bzw. 1.300 Metern Kailänge. Im Hafengebiet arbeiteten mehrere große Firmen, unter anderem die Chemische Fabrik Rheinau (die heutige Th. Goldschmidt), die Rheinische Gummi- und Celluloid-Fabrik (ein Zweigbetrieb des Neckarauer Unternehmens), die Chemische Fabrik Müller & Dubois (heutige Rheinchemie) sowie die Sunlicht (seit 1899) und das Stahlwerk (seit 1900). Entlang der Bahnlinie arbeitete ein Elektrizitätswerk.

Der südliche Teil der Relaisstraße, damals noch Schwetzinger Straße genannt, im Jahre 1904. Damals verfügten die Häuser noch über Vorgärten. Das zweite Haus ist das Rathaus, damals Stabhalteramt genannt.

Die Werkswohnungen der Chemischen Fabrik Rheinau in der Zwischenstraße, später unter dem Namen "Goldschmidt-Häuser" bekannt, um die Jahrhundertwende.

Schulunterricht wurde in der so genannten Fabrikschule in der Mülheimer Straße erteilt. Von den Kirchen hatten als erstes die Katholiken 1899 am südlichen Ende der Relaisstraße eine Kapelle im Fachwerkstil errichtet. Die Protestanten folgten im Jahre 1903 mit einem Backsteingebäude direkt am Marktplatz.

Verwaltungsmäßig gehörte Rheinau in jener Zeit zur damals noch selbstständigen Gemeinde Seckenheim. Seit Jahren jedoch war der Gegensatz zwischen dem agrarisch geprägten Seckenheim und dem industriell geprägten Rheinaugebiet immer offenkundiger geworden. Als Ausdruck seiner gewachsenen Bedeutung erhielt Rheinau just im Gründungsjahr der TSG einen eigenen Verwaltungsbeamten, den Stabhalter, der im Rathaus in der Relaisstraße seinen Amtssitz bezog.

Im Deutschen Reich regierte Wilhelm II. mit einem – wie er es nannte – „persönlichen Regiment". Der Kaiser und nicht das gewählte Parlament bestimmte die Richtlinien der Politik. In Preußen, dem größten Teilstaat des Kaiserreiches, aber auch in Baden, galt immer noch das Dreiklassenwahlrecht; der Wert einer Stimme, ja der Wert des Menschen schlechthin, bemaß sich nach seinem Stand.

Die Lage des zahlenmäßig größten Teils der Bevölkerung war alles andere als rosig. Die durchschnittliche Lebenserwartung lag bei weit unter 60 Jahren. Die ökologischen Bedingungen waren verheerend: Die Abwässer der Mietshäuser flossen ungereinigt in den Rhein, aus den Schornsteinen der Rheinauer Chemiefirmen quollen völlig ungehemmt giftige Rauchschwaden. Die Mehrheit der Menschen lebte ohne Bad oder eigenes WC gedrängt in kleinen Wohnungen.

Viele Menschen erlebten die erste Auszahlung ihrer kargen Rente erst gar nicht. Die oftmals körperliche Arbeit machte die Menschen krank, ja kaputt; der Arbeitstag betrug 16 Stunden für einen Lohn, der kaum für das Nötigste reichte. Nahezu sämtliche Wege mussten ungeachtet ihrer Länge zu Fuß zurück gelegt werden; eine Bahnfahrkarte für den Zug, der auf der Rheintalbahn entlang der Rhenaniastraße verkehrte, war ein Luxus. An Urlaubsreisen, gar ins Ausland, war nicht zu denken – schon deshalb nicht, weil es einen bezahlten Urlaub noch gar nicht gab.

Auch Freizeitvergnügen über´s Jahr gab es schon deshalb kaum, weil es kaum Freizeit gab. Im Sommer ging man allenfalls sonntags an den Fluss-Ufern, vor allem an den Brühler Koller-Inseln, schwimmen, im Frühjahr und Herbst zu den Kerwen mit Volksfesten und Jahrmärkten, auf denen Grimassenschneider, Feuerschlucker und Damen ohne Unterlaub ewig denkwürdige Sensationen bildeten. An den Abenden der Werktage gingen die Männer, sofern sie nicht ohnehin sofort erschöpft ins Bett sanken, in die Gaststätten, von

NDAUER

IM. Breitestrasse Q 1, 1.
, 1838.

ezugsquelle für
, Federn und Daunen.

it:

ermöbel

lagen.

wert:
kommen nur
hend und
Federn zur
ng.

Betträste
 solidesten Drell
 hergestellt.

toffe, Leinen u. **Baumwollwaren**
ervorragend billig.

Fertiges Bett
für Mk. 70.—
dazu gehörig:
1 Bettstelle Ia. nußb.
  lackiert   Mk. 18.—
1 Bettrost   „ 18.—
1 3teilige Seegrasmatratze
  m. Keil   Mk. 14.—
1 Deckbett   „ 15.50
1 Kissen   „   4.50
         zusammen Mk. 70.—

Fußball-Gesellschaft
Seckenheim 1898.
Sonntag, den 28. September 1902
Uebungsspiel
Training für das am kommenden Sonntag hier stattfindende Wettspiel. Alle Spieler haben bei Strafvermeiden zu erscheinen.
Der 1. Kaptain.

Geld
sofort auf **Schuldschein, Wechsel, Möbel, Hypothek, Erbschaft, Wertpapiere** und dergleichen in jeder Höhe und zu günstigen Bedingungen (nicht unter Mk. 150) Vertrauensvolle Anfragen unter
„Geld" postlagernd
Nürnberg.

Zeugnis-Auszug.
Ihre streng reelle und schnelle Erledigung kann ich jedem Geldsuchenden aufs wärmste empfehlen.
S., 25. Mai 1902.
W. E.

---

sert
U 1, 2.
n.

atte.
ür Mannheim.
e Gebisse von
der neuesten

Arbeiter-Turnverein Rheinau-Stengelhof.
Sonntag, den 28. September 1902, Abends 6 Uhr findet im Saale des Herrn Karl Rennig, Rheinau, unser

I. Stiftungsfest

statt, verbunden mit turnerischen Aufführungen, Gesangsvorträgen und Tanz.

Hierzu laden wir unsere werten Mitglieder nebst Familienangehörigen sowie Freunde und Gönner des Vereins freundlichst ein.

Der Vorstand.

Über die Gründung des Jubiläumsvereins im September 1901 gibt es keine schriftlichen Unterlagen. Einziger Beleg ist ein Inserat aus der Rheinauer Zeitung vom September 1902, mit dem der Verein zu seinem "I. Stiftungsfest", also seinem ersten Geburtstag, einlädt.

denen es auf der Rheinau eine große Zahl gab. Kino oder gar Fernseher gab es nicht, ebenso wenig wie Radio oder Plattenspieler. Wer Musik liebte oder genießen wollte – und welcher Mensch hätte nicht dieses urmenschliche Bedürfnis gehabt – der ging zu den Veranstaltungen der beiden Rheinauer Gesangvereine. Seit 1896 gab es den Männergesangverein Rheinau, seit 1897 den Gesangverein Liederkranz. Im MGV sangen vornehmlich die Arbeiter, im Liederkranz die Bürgerlichen – im Sangeswesen setzte sich die Spaltung der Gesellschaft fort. Nicht anders war es im Sport; zwar gab es seit 1893 den Turnverein Rheinau, doch der war ein bürgerlicher Verein, in den kein Arbeiter gehen wollte. Sie waren überzeugt, *„dass es ein Widersinn ist, bei Spiel und Sport einer Gesellschaft anzugehören, deren sonstige Ziele darauf gerichtet sind, dem arbeitenden Volke zu schaden*[1]*."*

Die Gründung des Arbeiter-Turnvereins Rheinau

Die Spaltung der Turnerbewegung ging weit ins 19. Jahrhundert zurück. Die damaligen Turnvereine waren Träger der Forderung nach einem einheitlichen und demokratischen deutschen Staat, die in den revolutionären Erhebungen der 1848-er Revolution gipfelten. Als eines der beiden Ziele, der deutsche Einheitsstaat, mit Gründung des deutschen Reiches 1871 vollendet war, geriet das zweite ursprüngliche Anliegen der bürgerlichen Turnerbewegung, die Demokratie, in den Hintergrund. Im Gegenteil: Die bürgerliche „Deutsche Turnerschaft" wurde Träger von Deutschtümelei und Hurra-Patriotismus, Kaiserkult und des preußischen Obrigkeitsstaates, der ganz auf die Unterdrückung der entstehenden Arbeiterbewegung gerichtet war. Diese Haltung der bürgerlichen Turnerbewegung führte zu einer Gegenbewegung der sportlich interessierten Arbeiter: 1892 konstituierte sich in Preußen der erste Arbeiter-Turnverein, 1893 wurde als Dach-Organisation der Deutsche Arbeiter-Turnerbund gegründet.

Die Arbeitersportler grüßten sich mit dem durchaus politischen Ruf „Frei Heil" (den später übrigens Hitler bewusst „klaute" und zum unseligen „Sieg Heil" umformte). *„Das Kleinod der Freiheit gründet/ Nur fest auf erstarktem Geschlecht/ Wem Leib und Geist nicht gesundet/ Bleibt sicher sein eigener Knecht"*[2], lautete das Motto der Arbeitersportbewegung. Die politische Idee, die dahinter steckte, formulierte die Festschrift zum 25-jährigen Bestehen des Rheinauer Vereins im Jahre 1926: *„Nicht nur, dass er leistungsfähiger in seiner Berufsarbeit wird, er wird auch von Krankheiten weniger befallen werden, er wird gesunde und kräftige Kinder haben und dadurch in den*

Von den Gründungsmitgliedern des Jahres 1901 existiert kein Gruppenfoto. Es gibt allerdings ein diesbezüglich interessantes Foto aus dem 50. Jubiläumsjahr 1951. Es zeigt die beiden damals einzig noch lebenden Gründungsmitglieder Karl König (Zweiter von links) und Christian Schilling (Zweiter von rechts) sowie zwei weitere Mitglieder der ersten Jahre, nämlich Neuschwanger (links) und Heckmann (rechts).

Zeitgenössische Darstellung der Arbeitersportbewegung mit ihrem Motto.

Stand versetzt sein, den Kampf ums Dasein weit besser zu bestehen als andere, deren Lebenstüchtigkeit keinerlei Verbesserung durch Selbsthilfe erfahren hat. Eine kräftige, gesunde, lebensfrohe Arbeiterschaft wird in ganz anderem Maße sich ihrer Haut gegenüber ihren gesellschaftlichen Feinden wehren können als eine durch Not, Krankheit und Entbehrung zermürbte Arbeiterschaft. Der Zustand, den die sozialistische Arbeiterschaft erstrebt, kann nur erreicht werden, wenn Hand in Hand mit der politischen und gewerkschaftlichen Aufbauarbeit die Gesundung und Kräftigung der Arbeiterklasse geht[3]."

Zwischen 1896 und 1901, also in nur fünf Jahren, war die Einwohnerzahl Rheinaus von 500 auf über 3.000 gestiegen. Die meisten der Neubürger waren Arbeiter, die im Rheinauhafen oder in den dort ansässigen Betrieben beschäftigt waren. Auch diese hatten den Wunsch, ihre – wenn auch karge – Freizeit zu gestalten. Neben der kulturellen Betätigung im Gesangverein stand die sportliche Betätigung ganz oben an. Sie bot außerdem willkommene Gelegenheit zur körperlichen Ertüchtigung als Ausgleich zu der gesundheitlich aufreibenden Arbeit in den Fabriken. Da diese Arbeiter aus den oben geschilderten Gründen nicht dem bürgerlichen Turnverein Rheinau beitreten wollten, entstand damit auch in Rheinau der Bedarf für einen Arbeitersportverein.

Von wem die Initiative zur Gründung des Vereins ausging, lässt sich heute nicht mehr feststellen; es ist jedoch wahrscheinlich, dass Ludwig Brüstle der Initiator war, da er später auch zum Gründungsvorsitzenden des Vereins gewählt wurde. Überliefert ist jedoch, dass am 1. September 1901 eine Vorbesprechung der Initiatoren stattgefunden hat, auf der die Gründung eines Arbeiter-Turnvereins Rheinau verabredet wurde. Die Teilnehmer dieser Besprechung luden schließlich die Rheinauer Bevölkerung für den 22. September 1901 zu einer Gründungsversammlung in die Gastwirtschaft „Prinz Karl" (spätere „Eichbaum-Stuben" neben dem Roxy-Kino, Relaisstraße 169) ein. Am Ende dieses Abends stand dann die offizielle Gründung des Arbeiter-Turnvereins Rheinau. Ludwig Brüstle übernahm den Vorsitz „der kleinen Turnerschar", wie es in der Festschrift zum 25. Jubiläum 1926 hieß. Was wohl bedeuten sollte: Die Zahl der Mitglieder war anfangs noch recht klein: Es waren genau elf Mann[4], und zwar Ludwig Brüstle, E. Claus, E. Heckmann, A. Kiefer, Jakob Knecht, Karl König, Karl Leibold, A. Maier, Christian Schilling, G. Stein und K. Strauß[5].

Die ersten Jahre

Einen Coup dagegen landeten die Arbeiterturner offensichtlich gleich zu Beginn mit der Verpflichtung ihres Technischen Leiters: Für diese Funktion konnten sie einen der Besten aus den Reihen des bürgerlichen „Turnvereins 1893 Rheinau" gewinnen, und zwar August Kiefer, der kurz zuvor gerade erneut einen Wettbewerb für den Turnverein gewonnen hatte. Unter der Leitung von Kiefer und seines Kameraden E. Claus entfaltete sich bald ein reger Turnbetrieb. An zwei Wochenenden wurden für Turner und Jugendliche, damals Zöglinge genannt, Turnstunden angeboten, die offensichtlich gut besucht waren. Schon wenige Monate nach der Gründung des Vereins erhöhte sich seine Mitgliederzahl auf 60.

Bald war die Zeit gekommen, da trat der Verein auf Veranstaltungen an die Öffentlichkeit, um Zeugnis abzulegen von der Leistung, die an den zahlreichen Übungsabenden erreicht worden war. Wie gut die Leistungen gewesen sein müssen, zeigte sich daran, dass sich die Rheinauer Arbeiterturner inzwischen sehr wohl gewachsen fühlten, an turnerischen Wettbewerben auch auf Bezirksebene teilzunehmen. Mit Erfolg beteiligten sie sich bei einem großen Turnfest in Käfertal – von diesem Zeitpunkt ab soll der Name „Arbeiter-Turnverein Rheinau" auch über die Grenzen des Ortes bekannt geworden sein[6].

Allerdings stellten sich dieser positiven Entwicklung bald Probleme entgegen. Gerade in der Anfangszeit, in der es für den Verein wichtig gewesen wäre, einen festen Stamm an Aktiven zu besitzen, war eine große Fluktuation und zeitweise sogar ein Rückgang der Mitgliederzahl zu verzeichnen. Die wirtschaftliche Krise führte zu einer stetigen Wanderung der Arbeiter, die ja den Schwerpunkt der Mitgliedschaft dieses Vereins stellten; der Arbeiter musste in seiner Not dorthin gehen, wo er noch einen Arbeitsplatz für sich wähnte. Für den Verein brachte das natürlich zahlreiche Probleme. Die Beschaffung der notwendigen Turngeräte wurde finanziell immer schwieriger. Hilfe in der Not kam von einem solventen Sponsor, wie man heute sagen würde: dem Frankenthaler Turner Martin Vogtländer. Er finanzierte den Rheinauer Arbeiterturnern die notwendigen Gerätschaften[7]; welches seine Beweggründe waren und wie er überhaupt zu dem Rheinauer Verein in Kontakt kam, das ist leider nicht überliefert.

Doch das Engagement der Mitglieder des Vereins beschränkte sich nicht alleine auf den sportlichen Bereich. Sämtliche Turner waren gewerkschaftlich und politisch organisiert[8], letzteres in der Sozialdemokratischen Partei. Vereinsführung und Mitglieder sahen sich

Die Traditionsfahne des Vereins, geweiht im Juli 1910, noch heute im Besitz der TSG.

als Glied in der Kette der großen Arbeiterbewegung. Das Zusammengehörigkeitsgefühl war derart mächtig, dass bald der Wunsch entstand, all die verschiedenen Organisationen – Turner, Radfahrer und Sänger – in einer großen Organisation zusammen zu fassen. Am 26. November 1906 vereinigten sich denn auch die verschiedenen Rheinauer Vereine zum Arbeiter-Sportbund „Vorwärts" Rheinau. Als Vorstand fungierten die Mitglieder Stein, Leibold und Groß. Ein gewisser König leitete den Turnbereich. Es wurde sogar ein Kinderturnen begründet, das bislang verboten war. Doch die verschiedenen Aktivitäten waren zu unterschiedlich, als dass sie auf Dauer unter einem Dach hätten Bestand haben können. Nach nur 18 Monaten löste sich der Großverein wieder in seine Bestandteile auf. Am 18. August 1908 machte sich der Arbeiter-Turnverein Rheinau unter seinem alten Namen wieder selbstständig; Vorsitzender wurde Leibold, Technischer Leiter Meyers. Allerdings konnte zunächst die frühere Mitgliederstärke nicht mehr erreicht werden.

Doch nach wenigen Jahren war auch diese Krise überwunden. Weithin sichtbares Symbol für die Wiedergeburt des Vereins war die feierliche Weihe seiner Fahne im Juli 1910. 32 befreundete Arbeiter-Turnvereine aus Baden und der Pfalz hatten sich auf dem eigens

Festzug des Arbeiter-Turn- und Sportvereins durch die Rheinau.

dafür angelegten Festplatz „An den vierzig Morgen" eingefunden und damit für die bis dahin größte Veranstaltung in der Geschichte Rheinaus gesorgt. Von diesem Zeitpunkt an ging es wieder bergauf – Erfolge beim Kreisturnfest 1911 und dem Bundesfest 1912 in Nürnberg machten dies deutlich. In das Jahr 1912 fällt schließlich auch die Gründung der Fußball-Abteilung. Allerdings verliefen die Anfänge bescheiden; die bürgerliche Fußballbewegung und das Fehlen eines eigenes Platzes erwiesen sich als größte Hindernisse[9]. Es konnten daher noch keine Ligaspiele ausgetragen werden, sondern lediglich Freundschaftsspiele, damals als „Gesellschaftsspiele" bezeichnet.

Es ging weiter aufwärts, bis der Erste Weltkrieg dieser Aufwärtsentwicklung ein Ende setzte. Gerade die jungen dynamischen Mitglieder wurden zum Kriegsdienst eingezogen. Dass der Turnbetrieb überhaupt aufrecht erhalten werden konnte, war alleine dem Ver-

Der vereinseigene Spielmannszug anlässlich der Fahnenweihe 1910. Stehend von links: Hermann Knecht, Karl Klug, Adolf Söhner, Georg Scheppe, Adolf Heck, Philipp Georg; liegend: Max Weber und Karl Georg. Adolf Söhner (stehend Dritter von links) war im Kriegsjahr 1914 Vereinsvorsitzender und fiel noch im gleichen Jahr.

Vereinsausflug 1915. Am linken und rechten Bildrand stehen Vereinsmitglieder in Uniform, die auf ihrem Heimaturlaub vom Kriegsgeschehen diese Gelegenheit zur Zerstreuung gerne nutzten.

Frieda Söhner (Mitte), die Witwe des im Ersten Weltkrieg gefallenen Vereinsvorsitzenden Adolf Söhner, im Kreise der früheren Gründungsmitglieder Jakob Knecht (links), Christian Schilling (Zweiter von links), Ernst Georg (Zweiter von rechts) und eines namentlich nicht bekannten Mitgliedes (rechts). Das Bild entstand nach dem Ersten Weltkrieg, wahrscheinlich anlässlich des 20. Stiftungsfestes 1921, und symbolisiert in seiner ganzen Komposition, dass sich der Verein um die junge Witwe kümmert, man also auch außerhalb des Sportbetriebes zusammen hielt.

einsmitglied Heinrich Neuschwanger zu verdanken, der die Führung des Vereins in die Hand nahm. 33 Mitglieder, unter ihnen der eigentliche Vorsitzende Adolf Söhner, fielen auf dem Schlachtfeld. Eine noch größere Zahl kehrte verstümmelt oder sonst schwer beschädigt aus dem Felde zurück.

Die Namen der Toten des Vereins lauten[10]: Adolf Söhner, Georg Scheppe, Heinrich Geiger sowie L. Aumüller, W. Brosius, F. Barth, Gg. Beckstein, A. Diedrichs, J. Goldscher, A. Geörg, J. Hautmann, O. Hoffmann, K. Justinger, A. Johmann, F. Keilback, F. Knecht, K. Kramm, K. Kramm II, J. Linder, M. Löser, O. Morath, K. Mückenmüller, J. Oberle, J. Rebstock, J. Reifenberg, R. Rößler, F. Sprießer, Chr. Spilger, J. Spilger, K. Schänzle, Gg. Schmitt, G. Viertler, A. Weber und A. Weidmann.

Blütezeit in den Zwanziger Jahren

Nach dem Kriege hatten sich wenn auch nicht die wirtschaftlichen, so doch die politischen Sehnsüchte der Arbeiter erfüllt. Die Monarchie war beseitigt, Deutschland eine demokratisch regierte Republik, die zahlreiche soziale Verbesserungen, insbesondere den Acht-Stunden-Tag, auf den Weg brachte. Von den Hoffnungen, die damals im Verein herrschten, zeugt die Festschrift zum 25. Jubiläum 1926; darin hieß es: „Getragen von der Begeisterung, welche die Errungenschaften der Revolution in den Proletarierherzen auslösten, ging man auch an den Wiederaufbau des Arbeiter-Turn- und Sportvereins. Platzanlage und Heim sind Zeugen dieses hohen Gefühls[11]."

Mit dem Jahr 1919 setzte die aufsteigende Kurve also wieder ein. Den bereits bestehenden Abteilungen wurde 1920 eine Turnerinnen- und Schülerinnen-Abteilung angegliedert, die dank ihres Leiters Fritz Braun eine beachtliche Größe erreichte. Eine weitere Gründung stellte die Turnspielsparte dar, aus der eine der besten Handballmannschaften ganz Süddeutschlands hervor ging. Mehrmals hatte sich diese Mannschaft in die Finalrunde der Meisterschaft vorgearbeitet, alleine Pech verhinderte den schlussendlichen Gewinn des Titels[12].

Zu einem immer größeren Schwerpunkt im Vereinsgeschehen wurde jedoch der Fußball. Bereits 1919 nahmen drei Mannschaften an der Bezirksliga teil. 1922 wurde die Erste und Zweite Mannschaft Kreismeister und die Jugendmannschaft sogar Bezirksmeister. Aus den Verbandsspielen ging die Erste Mannschaft als Süd-

Juni 1922: Der Sieg der Fußballer im Endspiel um die Süddeutsche Meisterschaft gegen den Ballspielklub München in Botnang wird mittels einer Brieftaube nach Rheinau gemeldet. Um die Taube gruppieren sich (von links) Karl Knecht, ein gewisser Munek, Fritz Zieger und Abteilungsleiter Willi Kaiser (mit heller Weste).

Die Erste Fußball-Mannschaft 1928 (von links): Richard Thorn, Fritz Morath, Fritz Knappmann, Albert Medici, Herbert Weber, Georg Reifenberg, Karl Mack, Tormann Philipp Seitz (mit Ball), Karl Vogel, Bernhard Heid, Fritz Reifenberg, Max Nagel.

deutscher Meister hervor. Der Sieg im entscheidenden Endspiel gegen den „Ballspielklub München" in Botnang 1922 wurde damals übrigens von Abteilungsleiter Willi Kaiser und Karl Knecht per Brieftaube nach Rheinau gemeldet und löste dort natürlich überschwänglichen Jubel aus[13].

Bei den Spielen um die Bundesmeisterschaft 1922 in Leipzig unterlag Rheinau jedoch im Vorrunden-Spiel gegen Kassel durch unglückliche Umstände 1:3; die beiden Spieler Karl Scheit und Adolf Heck waren wegen eines Wettkampfes am Geräteturnen, bei dem sie zu spät an die Reihe kamen, nicht rechtzeitig zu dem entscheidenden Fußballspiel da gewesen; sie konnten erst ins Spielgeschehen eingreifen, als es bereits 0:2 stand und am Ende auch nicht mehr das 1:3 verhindern[14]. Im darauf folgenden Jahr war es der Ersten und Zweiten Mannschaft möglich, ihren alten Platz zu verteidigen. Doch wiederum unterlag Rheinau mit 1:3 im Vorrundenspiel um die Bundesmeisterschaft gegen Leipzig-Stötteritz in Halle an der Saale. Die Leistungsstärke, die die Fußball-Abteilung in der ersten Hälfte der zwanziger Jahre besaß, sollte sie jedoch nie mehr erreichen.

1923 gelangte der Verein zu seiner neuen Halle. Durch das Anwachsen der Mitgliederzahl auf 600 war die so genannte „Hütte" längst zu klein geworden. Die Mitglieder drängten auf eine Erweiterung, eine leerstehende Halle sollte die Misere beenden. Der Vorstand unter Victor Schläger entschloss sich denn auch, diese Halle zu kaufen. Mit viel Idealismus und Opfern an Zeit und Geld der Mitglieder sowie mit Unterstützung einiger Rheinauer Geschäfte und Firmen konnte die Halle samt Bühne und zweier Kolonnaden aufgestellt werden[15].

Inzwischen hatte der Verein von Seckenheimer Bauern weiteres Gelände erworben, so dass der weitaus größte Teil der Sportplatzanlage nunmehr sein Eigentum war. Das Vereinsheim „Turnhalle" wurde zum Mittelpunkt des Vereinslebens nicht nur mit turnerischen, sondern auch mit künstlerischen Vorführungen. Unvergessen blieben lange die Aufführungen des Theatervereins Rheinau wie „Die junge Lindenwirtin" oder „Das weiße Rössl am Wolfgangsee". Eine Schachabteilung mit 25 Aktiven erhöhte die Zahl der Mitglieder auf 800[16]. Außerdem unterhielt der Verein einen eigenen Musikzug, das „Pfeifer- und Trommlerkorps des Arbeiter-Turn- und Sportvereins Rheinau" unter Leitung von Eugen Siebmann.

Im Juni 1926 feierte der Verein sein Silbernes Jubiläum. Die Festschrift aus diesem Jahr zeugt von den Ämtern, die es damals gab, und den Namen derer, die sie inne hatten: Erster Vorstand: Karl König, Zweiter Vorstand: Karl Scheit, Hauptkassier: Philipp Fischer, Wirtschaftskassier: Albert Berlinghof, Erster Schriftführer: Philipp

Der vereinseigene Musikzug nach dem Ersten Weltkrieg, möglicherweise anlässlich des 20. Stiftungsfestes des Vereins 1921. Im Hintergrund die Wirtschaft des Buckelwirts, einer damaligen Gaststätte in Höhe des heutigen Karlsplatzes.

Heile Welt: Vereinsausflug 1931 nach Lützelsachsen. Von dem Unheil, das zwei Jahre später über den Verein und über ganz Deutschland herein brechen sollte, ahnt niemand etwas.

Fischer, Zweiter Schriftführer: Georg Röck, Beitragskassier: Ernst Hermann, Beisitzer: Heinrich Frey sen., Paul Großer sen., Jakob Wolf und Hermann Staudtmeister, Technischer Leiter: Fritz Braun, Männerturnwarte: Heinrich Neuschwanger, Rudolf Brosius und Fritz Meyers, Frauenturnwarte: Fritz Braun und Jakob Scheppe, Vertreterin der Turnerinnen: Anna Astor, Schülerturnwarte: Gustav Deutsch und Georg Ernst jun., Schülerinnenturnwart: Fritz Braun, Sportwart: Heinrich Bahm, Turnspielleiter: Hermann Kuhn, Fußballspielleiter: Peter Quell und Adolf Heck, Zeugwarte: Fritz Schmitt und Georg Reifenberg, Platzwarte: Valentin Weber, Ludwig Becker sen. und Donat Furtwängler, Leiter des Pfeifer- und Trommlerkorps: Eugen Siebmann[17].

Die Feiern begannen am Samstag, dem 5. Juni, mit einem großen Festbankett auf dem Festplatz. Nach dem Eröffnungslied „Ich warte Dein" des befreundeten Arbeitersängerbundes Rheinau und der Begrüßung durch den Vorsitzenden schlossen sich die Vorführungen an: von Schülern und Jugendlichen, weiblichen und männlichen Turnern, teils in freien Übungen, teils mit Flaggen, Stäben oder Keulen. Den Höhepunkt jedoch bildeten die von sämtlichen Aktiven gebildeten Pyramiden mit bengalischer Beleuchtung[18]. Der Sonntagvormittag gehörte dann den Wettkämpfen. Bereits um sieben Uhr morgens traten die Männer zum Sechskampf und die Frauen zum Vierkampf an; um 6.30 Uhr hatten sich die Kampfrichter zuvor in der Turnhalle getroffen. Nach einem Mittagessen stellten sich die Teilnehmer um 13.30 Uhr am Bahnhof zum Festzug auf, der zum Festplatz führte. Dort gab es erneut verschiedene Vorführungen, bis um 18 Uhr die Ergebnisse des Wettbewerbes bekannt gegeben wurden. Der Montag war dann eher von Unterhaltung geprägt: Am Nachmittag war ein kleiner Vergnügungspark aufgebaut, um 17.30 Uhr spielte die Handballmannschaft, um 18.30 Uhr die Fußballer. Bei Einbruch der Dunkelheit schlossen die Jubiläumsfeiern mit einem Feuerwerk ab[19].

Mannheim, den 30. März 1933.

FUNKSPRUCH !

An die Bezirksämter, die Polizeipräsidien und die Polizei=
direktion Baden-Baden.

Aufgrund § 1 der Verordnung des Reichspräsidenten zum Schutz von Volk und Staat, vom 28/2/33, werden die in Baden bestehen= den Spitzenverbände (Gaue, Kreise, Bezirksleitungen) der marxisti = schen Turn-Sport-und Kulturvereine, die örtlichen Kartelle und sämt= liche Ortsgruppen dieser Verbände aufgelöst und ihr Vermögen be= schlagnahmt. Wirtschaftsbetriebe dieser Organisationen sind zu schliessen. Zu den aufgelösten Organisationen gehören u.a. der Arbeiter-Turn-und Sportbund, der Touristenverein, die Naturfreunde, der Arbeiterathletenbund, der Arbeiterkeglerbund, der Arbeiterschach= klub, der Arbeiter-Sängerbund, die Internationale-Arbeiterhilfe, die Rote Hilfe, die Arbeiterwohlfahrt, der Arbeiter-Radiobund, der Arbei= ter-Samariterbund, der Arbeiterrad=und Kraftfahrbund "Solidarität", die Kampfgemeinschaft für Rote Sporteinheit, der Internationale Bund der Opfer des Krieges und der Arbeit und der Bund der Freunde der Sowjetunion.
Aufgrund der Anordnung vom 17. März 1933 Nr. 26666 sind in Baden bereits aufgelöst, sämtliche marxistischen Wehr=und Jugend= verbände, einschliesslich ihrer Hilfs=und Nebenorganisationen, ins= besondere die eiserne Front, das Reichsbanner Schwarz-Rot-Gold, der Arbeiter-Schützenbund, die antifaschistische Arbeiterwehr, die Ar= beitsgemeinschaft der Kinderfreunde mit den " Roten Falken"und die " Jung-Falken", die sozialistische Arbeiterjugend (SAJ)und der kommunistische Jugendverband Deutschland (KJVD). Ausgenommen von den Verboten sind allein die Parteiorganisationen der SPD und der KPD und die Gewerkschaften. Die Gemeinden, Gemeindeverbände und Kreise werden angewiesen Mittel für die aufgelösten Vereine nicht mehr zur Auszahlung zu bringen und vom Beginn des neuen Rechnungs= jahres an nicht mehr in den Gemeindevoranschlag einzustellen.

Der Kommissar des Reiches
gez. Robert Wagner.

"Die Richtigkeit und die Übereinstimmung mit dem hier am 30. März 1933 eingekommenen Funkspruch wird beglaubigt".
Aufgrund vorstehenden Funkspruchs wurde am *30. März*
.....1933 der *Arbeiter-Turn und Sportverein*
Rheinau ...aufgelöst.

Mannheim, den *25. Juli 1933*.
POLIZEIPRÄSIDIUM-Abt. B.-

Protokoll des Funkspruchs, mit dem Gauleiter Wagner am 30. März 1933 den Arbeiter-Turn- und Sportverein Rheinau auflöst.

Drittes Reich

Den Todesstoß versetzten dem Verein die Nationalsozialisten. Ein totalitärer Staat wie das Dritte Reich duldete keine Freiräume von politischer Indoktrination, das NS-System stellte vielmehr auch den Sport in den Dienst seiner menschenverachtenden Ideologie. Mit Propagandaspektakeln wie den Olympischen Sommerspielen 1936 in Berlin wurde das Ideal vom stählernen Körper propagiert – nicht zur eigenen körperlichen Gesundheit, sondern als Zeichen einer angeblichen Überlegenheit der so genannten „nordischen Rasse". Eine Bewegung wie der Arbeitersport, der das sozialistische Ideal der Völkerfreundschaft propagierte, musste den damaligen Machthabern ein Dorn im Auge sein.

Unmittelbar nach der Machtergreifung durch die Nationalsozialisten wurde der Arbeiter- Turn- und Sportverein Rheinau wie alle seine Brudervereine verboten. Am 30. März 1933 schickte Gauleiter Robert Wagner einen Funkspruch an das Polizeipräsidium Mannheim. Darin hieß es: *„Aufgrund § 1 der Verordnung des Reichspräsidenten zum Schutz von Volk und Staat vom 28.2.1933 werden die in Baden bestehenden Spitzenverbände, Gaue, Kreise und Bezirksleitung der marxistischen Turn-, Sport- und Kulturvereine, die örtlichen Kartelle und sämtliche Ortsgruppen dieser Verbände aufgelöst und ihr Vermögen beschlagnahmt. Wirtschaftsbetriebe dieser Organisationen sind zu schließen. Zu den aufgelösten Organisationen gehören u. a. der Arbeiter-Turn- und Sportbund . . . Die Gemeinden, Gemeindeverbände und Kreise werden angewiesen, Mittel für die aufgelösten Vereine nicht mehr zur Auszahlung zu bringen und vom Beginn des neuen Rechnungsjahres an nicht mehr in den Gemeindevoranschlag einzustellen*[20]*."* „*Auf Grund des vorstehenden Funkspruchs wurde am 30. März 1933 der Arbeiter-Turn- und Sportverein Rheinau aufgelöst*", meldete Polizeipräsident Leiber am 25. Juli 1933 den Vollzug der Anordnung[21].

Am Abend des Verbots war eine grölende SA-Horde ins Vereinslokal gestürmt und hielt Willi Kaiser, dem die Tränen der Wut in den Augen standen, hämisch das Auflösungsdekret entgegen. Kaisers Neffe, der Turner Ludwig Gärtner, wurde vom NSDAP-Ortsgruppenleiter Fritz Hirsch zur Demütigung gezwungen, mühsam das Wappen des Vereins aus dem Grenzstein am Eingang der Vereinsanlage heraus zu meißeln[22]. In den folgenden Tagen musste der Vorsitzende Heinrich Frey (1930 bis 1933) hilflos mit ansehen, wie Inventar und Akten beschlagnahmt wurden[23]. Nur die Vereinsfahne von 1910 konnte gerettet werden: Ehrenmitglied Adolf Rothacker mauerte sie für die Zeit von 1933 bis 1945 in seinem Keller ein[24].

Adolf Rothacker (hier beim 50. Vereinsjubiläum 1951), der 1933 die Vereinsfahne rettete, indem er sie in seinem Haus auf dem Pfingstberg einmauerte.

Bescheid des Mannheimer Polizeipräsidiums über die Auflösung des Vereins.

Der Großteil der Jugendlichen und sämtliche aktiven Fußballer wechselten zur Alemannia Rheinau, die ihren Platz an der Braunkohle im Rheinauhafen hatte. Unter ihnen war der später bedeutende Zweite Schriftführer der Fußball-Abteilung, Willi Barth, der in der Alemannia zum Ersten Schriftführer aufrückte. Vorsitzender der Alemannia in der Kriegszeit war Rudi Heinemann, ein gebürtiger Wiener, den die Wirren der Zeit ins „Reich" verschlagen hatten; Heinemann amtierte auch nach dem Kriege noch über 20 Jahre lang bis 1968. Die Alemannia war, wie alle Sportvereine, Teil des NSRL (Nationalsozialistischer Reichsbund für Leibesübungen). An der Spitze des deutschen Sports im Dritten Reich stand der Reichssportführer Hans von Tschammer und Osten.

Bisherige Repräsentanten des Arbeiter-Turn- und Sportvereins, die 1933 nicht in die Alemannia wechselten, mussten in der Folgezeit mit Benachteiligung oder gar Repression rechnen: Karl Hettinger, bis 1930 Vorsitzender des Vereins, wurde bei der AOK, bei der er arbeitete, zunächst zum Hausmeister degradiert und ein Jahr danach endgültig entlassen; ab 1935 schlug er sich mit Schrotthandel durch[25]. Der Aktive Ludwig Gärtner verlor seine Arbeit als Polier bei der Baufirma Marzenell; beim Arbeitsamt bekam er auf Grund seiner „politischen Einstellung" zunächst keine Arbeitserlaubnis[26]. Die Fußballer Herbert Weber aus der Stengelhofstraße sowie die Brüder Hans und Georg Grosser wurden verhaftet[27]. Gustav und Eugen Weber emigrierten in die USA. Der frühere Vorsitzende Karl Scheit wurde zwei Tage vor Kriegsende hingerichtet, weil er sich weigerte, in den längst sinnlosen Kampf zu gehen[28].

Gegenüber den Arbeitersportlern übte die nationalsozialistische Sportpolitik jedoch nicht nur Repression. Gleichzeitig versuchten die Machthaber auch eine Integration, um das riesige Potential der Arbeitersportbewegung zu neutralisieren oder gar zu instrumentalisieren. So rief der Reichssportführer Hans von Tschammer und Osten die Sportvereine zur „kameradschaftlichen Zusammenarbeit mit den von ihren Führern verlassenen Arbeitersportlern" auf. Darüber hinaus waren Vereine mit ehemaligen Arbeitersportlern in ihren Reihen wie die Alemannia von ihm sogar angewiesen, Mannschaftsaufstellungen nicht nach der vor 1933 geltenden Weltanschauung vorzunehmen[29].

Die Integrationspolitik der Nationalsozialisten im Sport war weitgehend erfolgreich. Noch heute verzeichnen wir das Phänomen, dass Angehörige der damaligen Generation von den Erfolgen Schmelings, Rosemeyers, Caracciolas, Szepans und Kuzorras schwärmen, ohne die verführerische Bedeutung etwa der Olympischen Spiele 1936 zu reflektieren[30].

Neubeginn nach dem Kriege mit der legendären „SG"

Nachdem Mannheim Ende März 1945 von den Amerikanern besetzt wurde, wurde von ihnen auch die frühere Vereinsanlage des ehemaligen Arbeiter-Turn- und Sportvereins Rheinau beschlagnahmt. Das Gelände war während des Dritten Reiches von der SA genutzt worden und damit in den Augen der Amerikaner – so kurios dies vor den historischen Vorgängen anmutet – nationalsozialistisches Vermögen. Noch war ja außerdem kein Verein existent, der als Sachwalter einer Rückgabe hätte fungieren können.

Mit Übernahme der Regierungsgewalt hatten die Alliierten alle

Heinrich Frey (rechts), der erste Nachkriegs-Vorsitzende des Vereins, mit den damals noch lebenden Mitgliedern der Anfangsjahre (von links) Heinrich Neuschwanger, Philipp Blümel, Karl König, Christian Schilling und Böhm.

Die Erste Fußballmannschaft der SG, die am 31. Juli 1948 an der Kreismeisterschaft "den Knopf dran machte". Hinten Rauch, Müller, Rohr, Roth, Kutterer, Hammann, Tahedl; kniend: Blüm, Spitzenberger, K. Kramer.

Sportvereine in Deutschland verboten. Als die Wiederzulassung von Sportvereinen in Aussicht stand, kamen die Repräsentanten der deutschen Sportdachverbände, die vor 1933 bestanden hatten, also unter anderem der Deutsche Arbeiter-Turn- und Sportbund, überein, sich nicht jeweils wieder neu zu gründen, sondern einen gemeinsamen Deutschen Sportbund ins Leben zu rufen. Auf Grund dieser allgemeinen Beschlusslage fassten beherzte Männer auch in Rheinau den Entschluss, die vor 1933 bestehenden drei ortsansässigen Turn- und Sportvereine zu einem einzigen Großverein zusammen zu schließen. Die maßgeblichen Persönlichkeiten aus dem früheren Arbeiter-Turn- und Sportverein (Heinrich Frey), dem Turnverein 1893 (Max Uhlemann) und dem FC Alemannia Rheinau von 1918 (Rudi Heinemann) unterstützten diesen Gedanken und gründeten im Oktober 1945 in der Gaststätte „Zur Wartburg" die „Sportgemeinde Mannheim-Rheinau", die legendäre „SG". Vorsitzender wurde Heinrich Frey, der letzte demokratisch gewählte Vorsitzende des Arbeiter-Turn- und Sportvereins vor der Machtergreifung.

Bald entwickelte sich ein reges Vereinsleben, das zunächst jedoch auf den Fußball beschränkt bleiben musste. Turnen war wegen seiner gleichförmigen Bewegungen als typisch deutsche Sportart von den Amerikanern zunächst noch verboten. Unmittelbar nach Aufhebung dieses Verbots kam es zur Bildung einer Frauen-Turnabteilung sowie einer Leichtathletik- und Handball-Abteilung, die es unter Leitung von Gisela Diesing und Karl Maass zu beachtlichen Leistungen brachten. Die Leichtathleten hatten bald einige Kreismeister sowie Teilnehmer an Badischen Meisterschaften in ihren Reihen, ein Jugendlicher nahm sogar an der Deutschen Meisterschaft teil.

Besonders erfolgreich wurde die Fußball-Abteilung. 1947 wurde sie Vize-Meister der neu geschaffenen Bezirksklasse, der späteren Amateur-Liga II, 1948 sogar Meister. Doch diese Meisterschaft blieb für den Verein ohne Wert, weil durch die Neustrukturierung der Liga kein Aufstieg möglich war – eine bittere Enttäuschung für die Mannschaft, die zu zahlreichen Abwanderungen von talentierten Spielern und damit einer dauerhaften Schwächung des Vereins führte.

Auch in organisatorischer Hinsicht stellte sich ein Problem. Als Bedingung für die Rückgabe des Vereinsgeländes sowie eine Wiedergutmachungszahlung für ihre von den Nationalsozialisten beschlagnahmte und teilweise zerstörte Vereinsanlage verlangten die Behörden, dass sich der Arbeiter-Turn- und Sportverein als solches wieder gründet. Entschädigt werden könne nur der Verein, so die logische Argumentation der Bürokraten, der im Jahre 1933 be-

Die A-Jugend des Jahres 1951 als Gruppensieger ihrer Klasse. Stehend: Petzold, Hafner, Hipp, Siegel, Benz, Siemeth, Wagemann, Schneckenberger, Mendel, Large, Müller; kniend: Wagner, Spies, Schlienger.

Die Erste Mannschaft nach einem Turnier in Neckargerach. Hinten: Norbert Wolf, Franz Müller, Spielausschuss-Vorsitzender Peter Siegel, Edgar Weber, Rolf Lenz, Trainer Rudi Zieger, Siegfried Leibold, Walter Hipp; vorne: Rudolf Benz, Hans Rohr, Walter Zund, Kurt Laumann, Arthur Öchsler, Gerhard Wöllner.

standen hatte. Also gründete sich im Herbst 1948 der Verein als Turn- und Sportverein von neuem (allerdings ohne den Vorsatz „Arbeiter") und wählte Willi Kramer zu seinem Vorsitzenden. 1949 erhielt der Verein schließlich seine Anlage zurück und eine Wiedergutmachung in Höhe von 17.000 Mark, die jedoch in die Instandsetzung der Turnhalle und der Gaststätte sowie des Spielfeldes investiert werden mussten. Und das war nötig: Dass Soldaten einer fremden Armee nach vier Jahren Krieg nicht besonders sorgfältig mit dem Gebäude umgegangen waren, lässt sich leicht nachvollziehen.

Die Wiedergründung eines eigenen Vereins war jedoch der Tod der „SG" gewesen. Nach Gründung des TSV gründete sich im Oktober 1949 auch der Turnverein 1893 von Neuem. Nach Abwicklung der Wiedergutmachungsleistung machte der TSV dennoch den Vorschlag zu einer erneuten Fusion. Der TV lehnte ab, von der Alemannia stimmten immerhin zehn der damals noch lebenden elf Gründungsmitglieder von 1918 zu. Am 30. Dezember 1950 wurde die Turn- und Sportgemeinde Rheinau gegründet. Bereits ein Jahr später feierte sie 50-jähriges Jubiläum und demonstrierte damit, in welcher Tradition sie sich sah.

Neugründung der TSG, Blütezeit in den fünfziger Jahren

Der neue Verein nahm einen raschen Aufstieg. Bereits im Jubiläumsjahr 1950 verfügte er über 600 Mitglieder. Eine Tischtennis-Abteilung wurde ins Leben gerufen, die in kurzer Zeit so viele Aktive umfasste, dass gar nicht alle in den Übungsstunden an die Platte kommen konnten. Ein großer Teil davon waren jugendliche Anfänger, die Leistungsträger jedoch wurden von den Trainern Herbert Dechant und Karl-Heinz Sommerfeld innerhalb von nur einem Jahr zu einer schlagkräftigen Mannschaft geformt. Im Jubiläumsjahr 1951 meldete die Tischtennis-Abteilung bereits zwei Herren- und zwei Damenmannschaften. Ende der fünfziger Jahre konnten insbesondere die Spieler Renate Oechsner und Wolfgang Nerger große Erfolge feiern. Die Handballabteilung unter Leitung von Gustav Schläger bereicherte den Verein durch ihre sportlichen Erfolge: Noch 1950 feierte sie die Meisterschaft und damit den Aufstieg in die nächst höhere Klasse, wiederholte diesen Erfolg in der Runde 1953/54 und wurde zum „Pokalschreck der Großen"[31].

Auch im Fußball blieben die Erfolge nicht aus. 1951 wurde die A-Jugend unter Leitung von Petzold und Müller Meister ihrer Klas-

Die Traditionsmannschaft der "Grünen Jäger" im Mai 1957. Stehend: Alfons Schmitt, Walter Zund, Kurt Klug, Fritz Kilb jun., Gustav Hipp, Hans Rohr, Heinz Merkel, Heinrich Eisele, Walter Morath, Betreuer Fritz Kilb sen.; kniend: Franz Müller, Heinrich Facco, Valentin Kutterer.

Festumzug zum 50. Jubiläum des Vereins durch die Relaisstraße (noch ohne Straßenbahnschienen) im Jahre 1951. In der Mitte der ersten Reihe Adolf Rothacker mit der von ihm 1933 geretteten Fahne, neben ihm als Festdamen Erika und Edith Arnold. In der zweiten Reihe von links Willi Kramer (Zweiter Vorsitzender), Adolf Lier (Erster Vorsitzender), Ferdinand Dewald (Dritter Vorsitzender).

se[32]. Die Erste Mannschaft schaffte in der Runde 1953/54 die Kreismeisterschaft der A-Klasse und damit den Aufstieg. 1954 gründete sich die Traditionsmannschaft „Grüne Jäger" – der Name in Anlehnung an die Vereinsfarben Grün und Weiß. Neben Freundschaftsspielen sah sie es als ihr Ziel an, Verbindung zu anderen Fußballvereinen zu halten und innerhalb des eigenen Vereins die Geselligkeit zu pflegen. Trainiert von Valentin Kutterer, spielten in ihren Reihen Arnold, Bischof, Bockelmann, Eisele Facco, Heck, Hipp, Vater und Sohn Kilb Klug, Kutterer, Merkel Morath, Müller, Oechsler, Rohr, Schmid, Stöckler und Wagner[33].

Inmitten jener erfolgreichen Zeit, zu der er einen beachtlichen Beitrag geleistet hatte, musste der Vorsitzende Adolf Lier sein Amt aus Gesundheitsgründen abgeben. Der „Vater des Vereins" wurde von Herbert Dechant abgelöst und auf dessen Antrag hin zum Ehrenvorsitzenden ernannt. Dechant versuchte mit Unterstützung seiner Vorstandskollegen Siegel, Sommerfeld und Kohl, die erfolgreiche Arbeit seines Vorgängers fortzusetzen. Der Sportplatz erhielt eine Umfassungsmauer und Zuschauerränge, Turnhalle und Gaststätte wurden renoviert, ein Kühlhaus eingebaut. Der Verein war in sportlicher, gesellschaftlicher und finanzieller Hinsicht gesund, als Dechant 1956 nicht mehr zur Wiederwahl bereit stand. Die drohende Lücke war nur dadurch zu schließen, dass der Ehrenvorsitzende Adolf Lier die Geschicke des Vereins erneut in die Hand nahm. Seine Vorstandskollegen Bader, Braun, Göhler und Albert standen ihm zur Seite. Gleichwohl konnte Lier aus gesundheitlichen Gründen den Verein nicht weiter führen; sein Stellvertreter Willi Bader führte die Geschäfte de facto und wurde 1957 auch de jure zum Vorsitzenden gewählt.

Voran kam in diesen Jahren auch die Nachwuchsarbeit. Willi Barth und Alois Prager gaben ihr 1957 neue Impulse durch die Einführung eines Jugendturniers, das den Namen des 1956 verstorbenen langjährigen Vorsitzenden Heinrich Frey trug, das bald zu einem der renommiertesten Jugendfußballturniere im Fußballkreis Mannheim wurde. Beim ersten Turnier konnte Willi Bader noch selbst mit dabei sein, doch kurz danach bereits befiel ihn eine heimtückische Krankheit, die ihn binnen kurzer Zeit dahin raffte. Mit Heinrich Frey, Adolf Lier und Willi Bader hatte der Verein in kürzester Zeit drei seiner hervorragendsten Führungspersönlichkeiten verloren.

Die Schülermannschaft des Jahres 1958. Links Trainer Josef Düsi

Antreten zum Appell: Spielausschuss-Vorsitzender Walter Morath (Mitte) instruiert seine Spieler. Von rechts: Hans Rohr, Franz Müller, Walter Zund, Boris Bockelmann, Heinz Merkel, Valentin Kutterer, Kurt Klug.

Auf und Ab in den sechziger Jahren

Aber es musste weiter gehen im Verein, und so war Boris Bockelmann, der sich unter Willi Bader seine ersten Sporen verdient hatte, dazu ausersehen, die Geschicke des Vereins in die Hand zu nehmen. Am 4. Juni 1958 übernahm er die Führung des Vereins. Zu seinem Vorstand gehörten auch die Mitglieder Hübner, Arnold, Müller, Albert, Barth Prager und Schlienger. Bockelmann widmete sich vor allem dem Ausbau und der Erneuerung von Vereinshaus und Platzanlage, während Willi Barth und Alois Prager, später auch Fritz Böckenhaupt, die Jugendarbeit weiter ausbauten. Eine Junioren-, zwei Jugend- und drei Schülermannschaften bildeten das solide Fundament dafür. Die immer noch von Herbert Dechant und Karl-Heinz Sommerfeld geführte Tischtennisabteilung konnte mit herausragenden Spielern wie Renate Oechsner und Wolfgang Nerger große Erfolge verbuchen. Und auch die Turnabteilung unter der Leitung von Burghardt und Becker hatte nichts von ihrem Elan eingebüßt.

Im Jahre 1961 gründete sich darüber hinaus im Zuge des Box-Booms, der nach dem Gewinn der Goldmedaille durch Cassius Clay bei den Olympischen Spielen von Rom ein Jahr zuvor in Deutschland ausgebrochen war, bei der TSG eine Box-Abteilung. Rolf Knoblauch und Adolf Mühlum, letzterer seit 1928 im Badischen Amateur-Box-Verband tätig, waren ihre Verantwortlichen. Die Anfänge waren vielversprechend. Bei zahlreichen Mannschaftswettkämpfen wurden Rheinauer Boxer über die Grenzen des Stadtteils hinaus bekannt: Reich im Schwergewicht und Jakoby im Bantamgewicht wurden Badische Jugendmeister, Schneider im Schwergewicht der Senioren immerhin Deutscher Vizemeister.

Nachdem Boris Bockelmann den Vorsitz des Ersten Rheinauer Carnevalvereins „Die Sandhase" übernommen hatte, gab er sein Amt als Vorsitzender der TSG ab. Im Mai 1963 wurde ein neuer Vorstand gewählt, der sich wie folgt zusammen setzte: Vorsitzender Rudi Kindermann, Stellvertreter Adolf Mühlum, Schatzmeister Karl Vogel, Schriftführer M. Balbier, Technischer Leiter Fritz Böckenhaupt. In den Wirtschaftsausschuss waren die Mitglieder Heuer, Klug, Fischer und Stollmayer gewählt worden.

Der personelle Wechsel hatte Auswirkungen auf alle Abteilungen. Bei den Fußballern wechselten Abteilungsleitung und Spielausschuss, die Mannschaft musste erneut in die A-Klasse absteigen. Ein neues Team versuchte, das Ruder herum zu reißen: Abteilungsleiter Rudi Lipponer, Spielausschuss-Vorsitzender Walter Morath, Technischer Leiter Kurt Kränzke, Jugendleiter Willi Barth und

Osterausflug der Fußballer nach Heiligenhafen am 24. März 1961.

Die Mannschaften der TSG Rheinau (in grün) und des SV Ludwigshafen (rot gestreift) vor ihrer Begegnung anlässlich "70 Jahre TSG Rheinau" 1971, zugleich das Abschiedsspiel für Rolf Fischer (hintere Reihe rechts).

Schülerleiter Fritz Böckenhaupt. Eine wichtige psychologische Wirkung kam der neuen Flutlichtanlage zu, dank derer fortan zu allen Jahreszeiten trainiert werden konnte. Auch in der Jugendarbeit gab es Fortschritte. Vier Schüler-, drei Jugend- und eine Senioren-Mannschaft nahmen in ihrer jeweiligen Staffel einen achtbaren Platz ein. Das zehnjährige Jubiläum des Heinrich-Frey-Gedächtnisturniers 1967, für das Willi Barth und Fritz Böckenhaupt verantwortlich zeichneten, zeigte der Öffentlichkeit die Fortschritte bei der TSG.

Auch in der Tischtennis-Abteilung wechselten sich die Zeiten des Erfolges mit weniger guten Jahren ab. Nach dem Tode des langjährigen Abteilungsleiters Herbert Dechant übernahmen Klaus Umlauf und Herbert Tahedl die zusammen geschrumpfte Gruppe. Nur zwei Senioren- und eine Jugendmannschaft waren noch vorhanden. Die Erste Seniorenmannschaft schaffte 1965 dennoch den Aufstieg in die Verbandsliga, Wolfgang Nerger belegte in der Kreisausscheidung den zweiten Platz.

Auch in der Box-Abteilung gab es Probleme. Berufliche und private Schwierigkeiten der Aktiven ließen ihre Zahl zurück gehen. Um den Box-Sport auf der Rheinau überhaupt weiterhin aufrecht erhalten zu können, bildete die TSG 1965 mit dem KSV 1884 Mannheim eine Teamgemeinschaft. Die Besten jedes der beiden Vereine wurden kombiniert, und dieses Rezept erwies sich in der Tat als erfolgreich. Im Team waren beide unschlagbar, kein einziger Kampf ging in den Folgejahren verloren.

Die Fußball-Abteilung steuerte unter ihrem neuen Trainer Kretzler Ende der sechziger Jahre zunächst ein Zwischenhoch an. Die Erste Mannschaft erreichte in der Tabelle den zweiten Platz, die Zweite Mannschaft wurde Staffelsieger. 1968 schließlich herrschte richtig Siegesstimmung bei der TSG: Die Erste Mannschaft wurde Meister der A-Klasse und hatte damit den Wiederaufstieg in die Zweite Amateurliga erreicht. Ein lange gehegter Wunsch ging in Erfüllung, eine große Freude nicht nur für den Verein, sondern für den gesamten Stadtteil. Ein richtiger Ruck durchzog die Fußball-Begeisterten Rheinaus: Die Zahl der Jugend- und Schülermannschaften der TSG stieg auf sieben an. Auf Anregung von Hans Eisele und Roland Meder gründete sich 1968 eine Dritte Mannschaft und nahm an den Verbandsspielen der Privatmannschaften in der C-Klasse teil. Auf Anhieb konnte sie im Spieljahr 1968/69 die Meisterschaft erringen[34]. Die Freude der Fußballfreunde indes währte nur kurz: Bereits ein Jahr nach ihrem Aufstieg musste die Erste Mannschaft wieder in die A-Klasse zurück.

Empfang zum 75. Jubiläum der Fußball-Abteilung 1998: Als Präsident des Badischen Fußballverbandes überreicht Boris Bockelmann (Vierter von rechts) Vereinschef Michael Unrath (Dritter von links) und Schriftführerin Milada Stückle (Zweite von links) den Ehrenschild der TSG. Die Bundestagsabgeordnete Dr. Konstanze Wegner (Dritte von links) gratuliert im Namen der Politik. Die Sportvereins-Vorsitzenden Rolf Blum (rechts) vom SC Pfingstberg, Winfried Höhn (Zweiter von rechts) vom SC Rot-Weiß Rheinau und Valentin Gremm (links) vom TV Rheinau zeugen jedoch davon, dass die TSG nicht mehr konkurrenzlos ist.

Prominentenspiel zum 75. Jubiläum der Fußball-Abteilung 1988. Mit dabei unter anderem Volker Trippmacher (rechts), Leiter des Nachbarschaftshauses Rheinau, der katholische Pfarrer Heribert Leider (2.v.r.), Stadtrat Paul Buchert (4.v.r.), SC-Pfingstberg-Chef Rolf Blum (5.v.r. mit Vollbart), Bezirksbeirat Karl-Heinz Trautmann (6.v.r.), Horst Groß (7.v.r.), stellvertretender Vorsitzender des SC Pfingstberg, Stadtrat Rolf Schmidt (4.v.l.), Hans Benzler (links), Trainer des SC Pfingstberg. Auf Grund dieser illustren Runde haben wir das Bild trotz seiner schlechten fotografischen Qualität ins Buch aufgenommen.

Die Krise der siebziger und achtziger Jahre

Anfang der siebziger Jahre waren die Krisenzeichen unübersehbar: Die Erste Fußballmannschaft war 1969 in die A-Klasse abgestiegen, die Tischtennis-Abteilung wurde 1970 aufgelöst, die Handball-Abteilung kurz danach abgemeldet, die Box-Abteilung war nur noch in Kombination mit dem KSV 1884 überlebensfähig, das Vorsitzenden-Karrussell drehte sich mit atemberaubender Geschwindigkeit. Viele fragten sich, wie die einstmals so eindrucksvolle TSG in eine solche Krise geriet.

Es kamen viele Dinge zusammen. Zum einen litt die TSG an Erscheinungen, unter denen alle Sportvereine, ja alle Vereine schlechthin litten. In den sechziger Jahren wurde das Fernsehen zum großen Konkurrenten des Vereinlebens. Eine selbstbewusstere Jugend ließ sich außerdem nicht mehr so unbedingt in die Vereinsstrukturen einbinden. Bestimmte Sportarten wie Tischtennis und Handball waren darüber hinaus schlichtweg nicht mehr gefragt; nicht nur die TSG, auch der SC Pfingstberg und der SC Rot-Weiß hatten ihre Handball- und Tischtennis-Abteilungen auflösen müssen.

Beim Fußball kam ein weiteres hinzu: In den fünfziger Jahren waren an den Außenbezirken Rheinaus gleich zwei neue Sportvereine entstanden, die in ihrem Kern Fußballclubs waren und damit der bislang in Rheinau in diesem Bereich konkurrenzlosen TSG Konkurrenz machten: 1950 der SC Pfingstberg-Hochstätt, 1952 der SC Rot-Weiß. Beide hatten ebenfalls malerisch gelegene Vereinsanlagen und bauten später moderne Clubhäuser, während die TSG mit der Instandhaltung ihres aus den zwanziger Jahren stammenden Vereinsheims kaum nach kam. Außerdem lagen die Konkurrenzvereine in Neubaugebieten, nämlich im Casterfeld und in Rheinau-Süd, und hatten dadurch quasi von selbst einen Zustrom an Mitgliedern und Talenten.

Andere Probleme kamen hinzu. Obgleich Parteipolitik nach dem Kriege in der TSG keine Rolle spielte, galt der Verein dennoch als „roter" Verein. Sponsoren aus dem Bereich der Wirtschaft zeigten sich angesichts dessen zurückhaltender als bei anderen Vereinen – ein Manko allerdings, dass die TSG durch das Engagement selbst anpackender Mitglieder oftmals ausgleichen konnte. Dem Engagement der „einfachen" Mitglieder standen jedoch zuweilen Grabenkämpfe innerhalb der Führung gegenüber, die manchen Vorsitzenden entnervt das Handtuch werfen ließen. Die mangelnde Kontinuität an der Vereinsspitze auf Grund schnell wechselnder Vorstände ist eines der zentralen Probleme der Vereinsgeschichte.

Gerade die beginnenden siebziger Jahre waren dafür ein Beispiel.

Ein kurzes Zwischenspiel der Vereinsgeschichte: die Damenfußball-Mannschaft, die von 1978 bis 1982 bestand.

Vereinschef Unrath (r.) mit Stadtrat Höhn, der ihn der TSG einst als Vorsitzenden empfohlen hatte.

Der kommissarische Vorsitzende Richard Pfister (r.) 1991 mit den Ehrenmitgliedern Ludwig Gärtner (l.) und Wilhelm Nicolai (M.).

Im Vorstand gab es Auseinandersetzungen um eine Teilnahme am 1970 erstmalig veranstalteten Rheinauer Fußball-Pokal. Vorsitzender Rudi Kindermann war für eine Teilnahme, Fußball-Leiter Willi Barth war dagegen – und setzte sich durch. Entnervt warf Kindermann nach sieben Jahren das Handtuch und setzte ein wahres Vorsitzenden-Karrussell in Gang: Anfang 1970 noch Rudi Kindermann, im Frühjahr 1970 dann sein bisheriger Stellvertreter Adolf Mühlum, 1971 Helmut Fichtner, 1973 Horst Ludwig. Erst unter Ludwig kehrte Ruhe in den Verein ein. Die sportliche Bilanz wurde jedoch nur allmählich besser.

Die Saison 1977/78 brachte für die Fußball-Abteilung den Start einer neuen Liga, für die sie gerade noch die Qualifikation schaffte. Doch schon 1980 musste sie aus der Bezirksliga in die A-Klasse absteigen. Auch in den folgenden Jahren schleppte sich die Erste Mannschaft eher dahin. Auch die Zweite Mannschaft musste Ende der achtziger Jahre Woche für Woche durch die AH verstärkt, weder A- noch B-Jugend konnten in dieser Zeit gemeldet werden. Die 1978 gegründete Damen-Fußball-Abteilung konnte nicht aufrecht erhalten werden und wurde 1982 wieder abgemeldet.

Die Amtszeit des neuen Vorsitzenden Michael Unrath, vom befreundeten Stadtrat Winfried Höhn vermittelt und ohne große eigene persönliche Bindung an den Traditionsverein, brachte dennoch eine Konsolidierung: 1982 wurde die Tischtennis-Abteilung wieder zu neuem Leben erweckt – zwar nicht mehr zu Punktspielen, sondern nur noch als Freizeitsport; sie bestand aus Spielern einer Tischtennis-Gruppe, die bislang beim MFC 08 Lindenhof zuhause war und nach Unstimmigkeiten dort eine neue Heimat suchte[35]. Dagegen wurde die seit Jahren bereits danieder liegende Box-Abteilung 1985 im 25. Jahr ihres Bestehens abgemeldet. Fortschritte gab es bei der Modernisierung des Vereinsheims: 1984 begann die Erneuerung der Sanitär- und Heizungsanlagen, 1985 die Renovierung des Saales, zusammen Investitionen in Höhe von 95.000 Mark. Trotzdem wurden Unrath und der Traditionsverein nicht warm miteinander. 1988 kandidierte seine bisherige Schriftführerin Milada Stückle gegen ihn, obsiegte knapp und amtierte drei Jahre lang.

Die Ära Klug

1991 trat Milada Stückle aus privaten Gründen zurück. Ihr Stellvertreter Richard Pfister, seit Jahrzehnten im Verein in allen möglichen Ämtern vom Trainer bis zum Technischen Leiter engagiert,

Ein erfolgreiches und harmonisches Team – der Geschäftsführende Vorstand im Jubiläumsjahr 2001: Vorsitzender Peter Klug (l.), sein Stellvertreter Werner Nüsgen (M.) und Schatzmeister Hans Eisele, bereits seit über 25 Jahren im Amt.

Sie stehen für die Aktivitäten der TSG Rheinau in ihrem Jubiläumsjahr: Vorstand, Ältestenrat und Abteilungsleiter. Stehnd: Hans Eisele, Peter Klug, Bernd Maurer, Werner Nüsgen, Kurt Schlienger, Richard Dykta; sitzend: Kurt Laumann, Klaus Reifenberg, Jolande Ludwig, Peter Gerteis.

amtierte ein Jahr kommissarisch und kandidierte 1992 auch offiziell für die Nachfolge. Völlig überraschend jedoch trat in der betreffenden Jahreshauptversammlung als Kandidat der Jüngeren der 36-jährige Peter Klug gegen ihn an – und gewann mit 37 Ja- gegen zehn Nein-Stimmen bei zehn Enthaltungen. Klug, einst Schüler- und Jugendspieler sowie drei Jahre Jugendtrainer des Vereins, hatte bis dahin noch keine Vorstandsämter inne gehabt. Dennoch schaffte es gerade er, den Verein aus der Krise zu holen und zu konsolidieren. Mit bald zehn Amtsjahren wurde er gar der dienstälteste Vereinsvorsitzende in der 100-jährigen Geschichte der TSG. Als seine Stärke gilt, dass er ein „Schaffer" ist. Als 1999 ein Wirt für die Vereinsgaststätte fehlte, übernahm er auch diese Aufgabe selbst.

Einen Schwerpunkt der Vereinsarbeit in den neunziger Jahren bildete die Vereinsanlage. 1994 überließ die TSG dem befreundeten Männergesangverein 1896 Rheinau in einem Vertrag zur dauerhaften Nutzung das bisherige Nebenzimmer, das von den Sängern selbst umgebaut und erweitert wurde. Mit diesem „Untermieter" wurde eine bislang einmalige Kooperation von Vereinen völlig unterschiedlicher Tätigkeitsfelder geschaffen – eine „Ehe von Kultur und Sport", wie es bei der Einweihung hieß[36]. 1994 wurden außerdem neue Umkleideräume und Duschen, ein Schiedsrichter-Zimmer und ein Geräteraum errichtet, 1998 die Fernwärmeleitung verlegt, die die bisherige Öl- und Gasheizung ablöste – auch dies wohlgemerkt in Eigenarbeit; lediglich die Installation der Versorgungsrohre wurde durch eine Fachfirma abgewickelt.

Auch sportlich war das Glück dem Tüchtigen hold. Unter ihrem Trainer Bernd Maurer, der 1997 von Phönix Mannheim auf die Rheinau gekommen war, schaffte die Mannschaft den erfolgreichen Neubeginn. Zwar musste sie im Sommer 1998 zunächst in die Kreisklasse B absteigen, konnte jedoch bereits zwei Jahre später in die Kreisliga A zurück kehren und sich dort im oberen Drittel halten. Das Sahnehäubchen setzte ihrem Erfolg der Sieg im 31. Rheinauer Fußballpokal zuzüglich Gewinn des Fairnesspreises auf. Angesichts dieser Erfolgswelle pries der „Mannheimer Morgen" die TSG als „Rheinaus neue Nummer eins"[37]. Auch die E-Jugend und die D-Jugend 2 eroberten 2000 den Staffelsieg und damit die Meisterschaft.

Die anderen Abteilungen konsolidierten sich ebenfalls. Das Frauen-Turnen, längst unter der moderneren Bezeichnung Damen-Gymnastik und seit über einem viertel Jahrhundert unter der Leitung von Jolande Ludwig, profitierte von dem gestiegenen Gesundheitsbewusstsein der Menschen und dem Wunsch, sich fit zu halten. 20 Frauen sind in dieser Abteilung im Jubiläumsjahr aktiv. 1994 gründete der Verein die Abteilung Koronarsport, die sogar an die 40 Aktive umfasst. Die von Franz Lendl geleitete Tischtennis-

Der Jubiläumausschuss. Manfred Hipp, Werner Nüsgen, Kurt Laumann, Dieter Schmidt, Hans Eisele, Klaus Reifenberg, Peter Gertreis, Peter Klug

Schnappschuss von der Jubiläumsmatinee im Mai 2001: Gisela Eder bringt im Rahmen ihrer musikalischen Revue durch das Jahrhundert stilecht den Babysitter-Boogie von Ralf Bendix aus den fünfziger Jahren.

Abteilung umfasst im Jubiläumsjahr ein Dutzend Aktive, der Älteste 85 Jahre alt.

Das 100-jährige Jubiläum

Zur Organisation der Aktivitäten zum Jubiläumsjahr bildete die TSG ein Jahr zuvor einen Jubiläumsausschuss. Ihm gehörten neben Vereinschef Peter Klug sein Stellvertreter Werner Nüsgen, Schatzmeister Hans Eisele sowie Vereinsmitglied Rainer Scholl an, der beruflich im Sport- und Bäderamt der Stadt Mannheim tätig war und von dort reichhaltige Erfahrung mit brachte. Außerdem wurden in den Jubiläumsausschuss der Vorsitzende des befreundeten MGV 1896, Manfred Hipp, und sein Vorgänger Dieter Schmidt aufgenommen; Letzterer hatte in seiner Amtszeit 1996 das 100-jährige Jubiläum der Sänger abgewickelt, das allen Beteiligten als gelungenes Vorbild vor Augen stand. Mit ihren sportlichen Erfolgen hatten die verschiedenen Mannschaften der Fußball-Abteilung für diesen Anlass bereits die richtige Stimmung bereitet.

Frühzeitig wie kein anderer Verein kümmerte sich dieser Jubiläumsausschuss um die Vorbereitungen. Bereits im November 2000 hielt er eine Pressekonferenz ab, in der er die Aktivitäten im Jubiläumsjahr erläuterte. Ebenfalls im Vorjahr gingen zu den entsprenden Veranstaltungen – Empfang und Festakt – die Einladungen an die Honoratioren des Stadtteils heraus.

Herzstück des Jubiläumsreigens bildeten zwei Veranstaltungen: Ein Stehempfang für die Vorsitzenden der Rheinauer Vereine und die politischen Mandatsträger im Frühjahr sowie ein Festakt im Herbst, bei dem auch die Chronik vorgestellt werden sollte. Für die Chronik beauftragte der Vorstand den im Stadtteil wirkenden Redakteur des "Mannheimer Morgen", Konstantin Groß, der bereits zahlreiche Vereins- und Stadtteilchroniken verfasst hatte, unter anderem 1996 das Festbuch des Männergesangvereins 1896 Rheinau und im Jahr 2000 das Jubiläumsbuch eines anderen großen Rheinauer Sportvereins, des SC Pfingstberg-Hochstätt. Das Ergebnis liegt nun vor.

Ehrengäste der Festmatinee. Von links: Siegfried Knoblauch (Gemeinnütziger Verein), Helmut Losert (Lokalanzeiger), Walter Hanke (CDU-Bezirksbeirat), Paul Buchert (CDU-Stadtrat), Sandra Rudzinski (Meilenkönigin), Karl-Heinz Trautmann (Lebenshilfe), Klaus Schäfer (Gewerbeverein), Frau Trautmann, Frau Hanke.

Auch der Shanty-Chor umrahmte die Jubiläumsmatinee im Mai 2001.

2. Bestehende Abteilungen
Was sich so abspielt

Fußballer als Süddeutsche Meister 1922. Hintere Reihe: Willi Kaiser, Karl Roßrucker, Gustav Weber, Valtin Schreiber, Eugen Weber, Adolf Heck, Jakob Scheppe; mittlere Reihe: August Heller, Karl Schmitt, Richard Thorn; vordere Reihe: Karl Scheit, Wilhelm Schmitt, Peter Quell.

Der Fußballplatz – früher noch ein wahrer Acker. Hier ein Bild vom Spiel des Arbeiter-Turn- und Sportvereins gegen Wien 1931.

Die Fußball-Abteilung

In der TSG Rheinau, die ja 1901 als Turnverein gegründet worden war, gewann der Fußballsport erst allmählich an Bedeutung, und zwar in den zwanziger Jahren. Dann allerdings erlebte er seine nie mehr wiederholte Blütezeit bis hin zum Finalspiel um die Deutsche Meisterschaft.

Die zarten Anfänge

Im Gasometer von Oberhausen mitten im Ruhrgebiet, einer Hochburg des Fußballs also, wurde im Jahre 2000 eine Ausstellung über die Geschichte des Fußballs gezeigt. Auf Plakatwänden konnten die Besucher die Fußball-Ergebnisse eines einzigen Spieltages studieren – aller Ligen, von den Kleinsten bis zu den Senioren. Das waren an diesem einzigen Spieltag 35.000 Ergebnisse von 35.000 Spielen[1]. Da für jede Mannschaft elf Spieler auf dem Platz waren, bedeutete das 770.000 aktive Spieler an einem Tag. Dazu kommen jeweils 35.000 Schiedsrichter, Linienrichter, Trainer und Betreuer, in den Jugendligen auch die Eltern. Von den Zuschauern ganz zu schweigen. Das zeigt: Fußball ist heute in Deutschland ein wahrer Volkssport.

Das war jedoch nicht immer so. Deutschland war fußballerisch lange Zeit ein Entwicklungsland gewesen. Mit dem Turnen hatte sich bereits zuvor eine spezifisch deutsche Disziplin etabliert, die keine Konkurrenz neben sich duldete, schon gar keine, die ausländischen Ursprungs war. Sport treiben war im Grunde identisch mit Turnen, und das nicht nur im ausgehenden 19., sondern auch noch zu Beginn des 20. Jahrhunderts. Fußball wurde zuerst in jenen Gegenden gespielt, die auf Grund ihrer politischen, wirtschaftlichen oder touristischen Bedeutung zu Ausländern, sprich zu Engländern, Kontakt hatten. Und dies, ähnlich wie Tennis, zunächst von den gehobenen Klassen, unter Jugendlichen ausschließlich von Oberschülern. Erst allmählich verbreitete sich der Fußball auch in der Arbeiterschaft.

Wie um 1910 von den Jugendlichen Fußball gespielt wurde, schilderte später einmal der Ehrenjugendleiter der TSG, Fritz Böckenhaupt: *„Das Spiel begeisterte uns so sehr, dass wir es unbedingt spielen*

Endspiel um die Süddeutsche Meisterschaft im Juni 1922 zwischen dem Arbeiter-Turn- und Sportverein Rheinau und dem Ballspielklub München in Botnang.

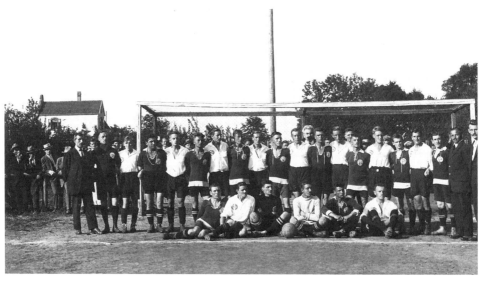

Länderspiel zwischen Baden und Württemberg im August 1922 in Feuerbach. Die Badener tragen die dunklen Triktos, die Württemberger die hellen. Für Baden spielt der Arbeiter-Turn- und Sportverein Rheinau. Stehend von links (jeweils nur die in dunklen Trikots) Karl Roßrucker, Gustl Weber, Richard Thorn, Peter Quell, Adolf Heck, Jakob Scheppe, Karl Scheid; sitzend: Karl Schmitt, Leonhard Schaeffer, Eugen Weber.

wollten. Geld für einen Ball hatten wir aber nicht, so dass wir uns aus Lumpen einen Ball zurecht machten. Lange hielt so ein Ball ja nicht, und deshalb war unsere Freude groß, als eines Tages ein Junge einen Tennisball mit brachte. Mit so einem Ball zu spielen war gar nicht so einfach, aber mit der Zeit waren wir wahre Meister und lernten so das Fußballspielen. Wir konnten damals noch auf der Straße spielen, doch wenn mal ein Gendarm kam, dann waren wir weg wie die Mäuse. Die alten Leute schimpften über unser Spiel und nannten es blöde[2]."

Der Arbeiter-Turnverein Rheinau rief seine Fußball-Abteilung knapp ein Jahrzehnt nach seiner Gründung, im Jahre 1912, ins Leben. Ihre Anfänge waren bescheiden; die Konkurrenz der bürgerlichen Fußballvereine insbesondere im benachbarten Neckarau, sowie das Fehlen eines eigenes Platzes erwiesen sich als größte Hindernisse für den Zuwachs an Spielern[3]. Es konnten daher noch keine Ligaspiele ausgetragen werden, sondern lediglich Freundschaftsspiele, damals als „Gesellschaftsspiele" bezeichnet.

Blütezeit in den zwanziger Jahren

Dies änderte sich nach dem Ersten Weltkrieg fundamental. Wichtigste Voraussetzung dafür war die Verkürzung der Arbeitszeit mit Einführung des Acht-Stunden-Tags im Jahre 1918. Der Sportjournalist Hans Heiling konstatierte bereits kurz danach im Jahre 1919: *„Wir wollen kühn und nüchtern sondieren, welche Vorteile der freie Spätnachmittag dem Sport gebracht hat. Und da ist zuerst das Training zu erwähnen, dessen tägliches Pensum früher in kargen Abendstunden durchgepeitscht wurde, ohne dass auf eine systematische Einzelausbildung Wert gelegt werden konnte[4]."* Bereits 1919 nahmen drei Mannschaften des Arbeiter-Turnvereins Rheinau an der Bezirksliga teil. 1922 wurde die Erste und Zweite Mannschaft bereits Kreismeister und die Jugendmannschaft sogar Bezirksmeister. Die Mitglieder der siegreichen Mannschaften waren[5]:

Abteilungsleiter Fußball: Willi Kaiser.

Erste Mannschaft: Wilhelm Schmitt, Karl Scheit, Peter Quell, Richard Thorn, Karl Schmitt, August Heller, Eugen Weber, Karl Roßrucker, Valtin Schreiber, Adolf Heck, Jakob Scheppe, Gustav Weber;

Zweite Mannschaft: Becker, Morath, Ketterer, Wehe, Brox, Heiß (W.), Laumann, Flamm, Schäffer, Heiß (F.), Viertler, Reifenberg und Tillmann.

Doch es sollte noch besser kommen. Aus den Verbandsspielen

ging die Erste Mannschaft 1922 als Süddeutscher Meister hervor. Bei den Spielen um die Bundesmeisterschaft gleichen Jahres in Leipzig unterlag Rheinau jedoch im Vorrunden-Spiel gegen Kassel durch unglückliche Umstände mit 1:3; die beiden Spieler Karl Scheit und Adolf Heck waren wegen eines Wettkampfes am Geräteturnen, bei dem sie zu spät an die Reihe kamen, nicht rechtzeitig zu dem entscheidenden Fußballspiel anwesend; sie konnten erst ins Spielgeschehen eingreifen, als es bereits 0:2 zu Gunsten von Kassel stand und am Ende auch nicht mehr das 1:3 verhindern[6]. Im darauf folgenden Jahr war es der Ersten und Zweiten Mannschaft möglich, die Plätze des Vorjahres zu halten. Doch wiederum unterlag Rheinau mit 1:3 im Vorrundenspiel um die Bundesmeisterschaft gegen Leipzig-Stötteritz in Halle an der Saale.

Im Jahr des 25. Vereinsjubiläums 1926 waren die Mannschaften deutlich verjüngt worden. Der Verein verfügte über drei Voll-Mannschaften, eine Alters- und eine Jugendmannschaft. 1928 hatte die Erste Mannschaft folgende Zusammensetzung: Bernhard („Seppel") Heid, Fritz Knappmann, Karl Mack, Emil Medici, Fritz Morath, Max Nagel, Fritz Reifenberg, Georg Reifenberg, Philipp Seitz (Torwart), Richard Thorn, Karl Vogel und Herbert Weber[7].

Der Erfolg der Fußballer in den zwanziger Jahren war vor allem das Werk einzelner Männer, die die Spieler auf Grund ihrer Persönlichkeit zu motivieren verstanden. Für die zwanziger Jahre prägend war der Abteilungsleiter Willi Kaiser. Über ihn schrieb die Vereinszeitung: *„Ein ständig Nimmermüder für unsere Fußballer und ein treues Mitglied. Vater einer wohl erzogenen Tochter, Ehegatte einer kleinen Frau, außerdem Besitzer eines eigenen Kahnes, Netzen, Angeln und sonstigen zum Angelsport gehörigen Utensilien. Sitzt stundenlang an den Gewässern des Rheins und liebäugelt mit den Fischen. Außerdem ist Willi der Liebling aller Frauen und aller Fußballer. In Sitzungen lässt er alle Anrempelungen mit stoischer Resignation über sich ergehen, die er aber hinterher umso kräftiger quittiert."*[8] Trainer Ende der zwanziger Jahre war Karl Scheit, Angehöriger der legendären Meisterschaftsmannschaft von 1922. Er war Besitzer eines Lebensmittelgeschäftes auf der Rheinau und 1927 für ein Jahr auch Vorsitzender des Vereins gewesen.

Spielführer Ende der zwanziger Jahre war Georg Reifenberg, der zu Beginn des Jahrzehnts noch in der Zweiten Mannschaft spielte. *„Er ist der wohl erzogene Sohn eines gut republikanischen Vaters, unheimlicher Mehrer der Fußball-Bewegung und Besitzer einer kleinen Braut. Schorschel ist Sportwart und Spielführer und arbeitet nach der Parole: Wer nichts wagt, gewinnt nicht. Schorschel hat die beträchtliche Länge von 1,80 Metern, daher ist er eine Größe im Verein."*[9]

Nach der nationalsozialistischen Machtergreifung, die im März

Willi Kaiser, als Abteilungsleiter die prägende Gestalt der erfolgreichen Fußball-Abteilung während der zwanziger Jahre. Außerhalb des Fußballplatzes ein Gentleman vom Scheitel bis zur Sohle.

Länderspiel gegen Wien. Hier beide Mannschaften, die Rheinauer in dunklen Trikots.

Die Erste Mannschaft als Meister der Bezirksklasse 1948. Stehend von links: Trainer A. Modl, H. Weber, H. Blüm, A. Heckmann, W. Hammann, R. Zieger, W. Rauch, Tahedl, Rudi Heinemann, Stoll; kniend: H. Veitengruber, K. Veitengruber, Spitzenberger, Valentin Kutterer, K. Gärtner. Es fehlt: Müller.

1933 zum Verbot des Gesamtvereins führte, war auch die Fußball-Abteilung aufgelöst; bisherige Kicker hatten auf der Rheinau alleine beim noch bestehenden FC Alemannia die Gelegenheit, dem runden Leder zu frönen. Der größte Teil der Jugend und sämtliche aktiven Spieler wechselten denn auch zur Alemannia[10]. Unter ihnen war auch der damalige Zweite Schriftführer der Fußball-Abteilung, Willi Barth, der in der Alemannia zum Ersten Schriftführer aufrückte[11].

Auf und ab in den fünfziger und sechziger Jahren

Nach Kriegsende gründeten die bisherigen Mitglieder von Arbeiter-Turn- und Sportverein und Alemannia gemeinsam die SG, deren Aktivitäten denn auch zunächst auf den Fußball beschränkt blieben; das Turnen war als „typisch nationalsozialistische Sportart" von den Amerikanern zunächst noch verboten. Die Fußball-Abteilung der frisch gegründeten SG war ausgesprochen erfolgreich.

Für die Spielzeit 1946/47 war erstmals eine Bezirksklasse, die spätere Amteurliga II, mit einer eigenen Staffel für Mannheim geschaffen worden. In ihr kämpfte die SG Rheinau von Rundenbeginn an mit dem SC Käfertal, dem FV 08 Hockenheim und dem TSV 1864 Schwetzingen um die Tabellenspitze. Bei Abschluss der Vorrunde führte Käfertal mit drei Punkten vor Schwetzingen. In der Rückrunde konnte Rheinau auf heimischem Platz am 15. Februar 1947 dem Favoriten jedoch eine 2:4-Niederlage beibringen und ihn damit um die Tabellenspitze bringen; Meister wurde Schwetzingen, Vizemeister Rheinau mit den Aktiven H. Blüm, W. Hamann, K. Krämer, V. Kutterer, F. Müller, W. Rauch, H. Rohr, A. Roth, Spitzenberger und Tahedl[12].

In der darauf folgenden Runde 1947/48 dominierte der bisherige Vizemeister die Bezirksliga Mannheim von Saisonbeginn an. Trainiert von Modl, spielten in dieser Saison Blüm, Gärtner, Hamann, Heckmann, Kutterer, Rauch, Spitzenberger, Tahedl, die Brüder Veitengruber, Weber und Zieger[13]. Ende Mai 1948 lagen sie an der Spitze. Sie erreichten den Aufstieg von der A-Klasse zur Bezirksklasse, der späteren Amateur-Liga II. Die 1948 errungene Meisterschaft dieser Klasse blieb für sie jedoch tragischerweise ohne Wert, weil durch die Neustrukturierung der Liga kein Aufstieg möglich war – eine bittere Enttäuschung für die Mannschaft, die zur Abwanderung zahlreicher talentierter Spieler und damit zu einer dauerhaften Schwächung des Vereins in diesem Bereich führte. In der

Die Meisterschaftsmannschaft von 1954. Stehend von links: Trainer Klostermann, Benz, Zund, Funke, Laumann, Lenz, Pister, Weber, Wagner, Rohr, Abteilungsleiter Handwerker; kniend: Eberhard, Franz, Oechsler, Müller, Denk.

Die Meisterschaftsmannschaft der A-Klasse Süd 1968. Stehend von links: Trainer Kretzler, R. Fischer, H. Tomaschko, L. Mertz, H. Groth, D. Hick, K. Reiß, G. Mendel, Spielausschuss-Vorsitzender K. Bischoff; sitzend F. Pfister, W. Kutterer, J. Gerteis, J. Ihrig.

Saison 1948/49 erreichte die SG in der Bezirksliga denn auch lediglich den fünften Platz.

Erst in den fünfziger Jahren hatte sich die TSG von diesem Rückschlag erholt. Im Spieljahr 1953/54 wurde sie unangefochten Gruppensieger der A-Klasse Süd und holte sich in den Entscheidungsspielen die Kreismeisterschaft und damit den Aufstieg. Diese Meisterschaft wurde von folgenden Spielern errungen: Arthur Oechsler (Torwart), Kurt Laumann und Rolf Lenz (Verteidiger), Heini Pister und Walter Zund (Läufer), Hans Rohr (Läufer und Mannschaftskapitän), Heinz Funke, Günther Eberhardt, Edgar Weber, Rudolf Benz und Franz Müller (Sturm), Karl Wagner, Hans Denk und Erwin Franz (Ersatzspieler). Verantwortung für die Abteilung und damit auch für den Erfolg trugen Trainer Hermann Klostermann, Betreuer Hermann Kneis, Spielausschuss-Vorsitzender Willi Barth und Abteilungsleiter Adam Handwerker[14].

Der Abgang des Vereinsvorsitzenden Boris Bockelmann 1963 hatte auch Auswirkungen auf die Fußball-Abteilung: Auch die Leitung der Abteilung und der Spielausschuss wechselten. Die Mannschaft musste 1963 erneut in die A-Klasse absteigen. 1964 war die TSG sogar Tabellenletzter der A-Klasse Süd. Ein neues Team versuchte, das Ruder herum zu reißen: Abteilungsleiter Rudi Lipponer, Spielausschuss-Vorsitzender Walter Morath, Technischer Leiter Kurt Kränzke, Jugendleiter Willi Barth und Schülerleiter Fritz Böckenhaupt. Eine wichtige psychologische Wirkung kam der neuen Flutlichtanlage zu, dank derer fortan zu allen Jahreszeiten trainiert werden konnte. *„Wir wollen uns heute geloben, alles daran zu setzen, dass es weiter aufwärts geht"*, lautete das „Gelöbnis" der Fußball-Abteilung in der Festschrift zum 65-jährigen Bestehen des Vereins 1966[15]. Unter ihrem neuen Trainer Kretzler wurde die TSG im gleichen Jahr immerhin Sechster der A-Klasse Süd, 1967 bereits Zweiter, die Zweite Mannschaft sogar Staffelsieger.

Im Sommer 1968 schließlich herrschte richtig Siegesstimmung bei der TSG: Die Erste Mannschaft wurde Meister der A-Klasse und hatte damit den Wiederaufstieg in die Zweite Amateurliga geschafft. Ein lange gehegter Wunsch ging in Erfüllung, eine große Freude nicht nur für den Verein, sondern für den gesamten Stadtteil. Ein richtiger Ruck durchzog die Fußball-Begeisterten Rheinaus: Die Zahl der Jugend- und Schülermannschaften der TSG stieg auf sieben an.

15. Jubiläum der Meisterschaftsmannschaft von 1968 im Jahre 1983.

Die Erste Mannschaft vor ihrem Relegationsspiel gegen Plankstadt 1977. Es ging um die Teilnahme an der neuen Bezirksliga. Stehend von links: Spielausschuss-Vorsitzender Rainer Barth, Werner Nüsgen, Arthur Braun, Rüdiger Krüger, Rainer Bauer, Wilfried Satzke, Lui Luce, Günter Träutlein, Heinz Schmitt, Jakob Hammann; kniend: Fernando Hernandez, Manfred Dammith, Willi Betzold, Rolf Gumbinger, Rolf Schmitt.

Krise in den siebziger und achtziger Jahren

Die Freude währte jedoch nicht lange: Nach einem Jahr in der Amateurklasse landete die Mannschaft auf dem vorletzten Platz und musste erneut in die A-Klasse absteigen. Der neue Trainer Willi Rösch musste aus der Jugend heraus einen mühsamen Neuaufbau beginnen. Auch eine abermalige Verpflichtung von Trainer Kretzler, dem „Vater des Sieges von 1968", Anfang der siebziger Jahre hatte zunächst keinen Erfolg. Unter dem 1974 verpflichteten Trainer Günter Träutlein konsolidierte sich die Mannschaft allmählich: 1970 Vierter, 1971 Achter, 1972 Vorletzter, 1973 Neunter, 1974 Dritter, 1975 Siebter, 1976 Fünfter, 1977 Sechster. Ausgebaut wurde in dieser Zeit die Jugendarbeit: Schüler- und Jugend meldeten sechs Mannschaften, zusammen ein Körper von an die 100 Aktiven.

Die Saison 1977/78 brachte den Start einer neuen Liga: Es wurde eine Bezirksliga gebildet, der im Fußballkreis Mannheim jeweils die ersten sechs Mannschaften der Gruppen Süd und Nord der bisherigen Kreisklasse angehörten. Mit ihrem sechsten Platz hatte die TSG den Einzug gerade noch geschafft und erreichte in der Premieren-Saison der Bezirksklasse 1977/78 einen stattlichen 8. Platz[16]. Diesen Platz hielt der Verein auch in der folgenden Runde. Doch bereits am Ende der darauf folgenden Saison landete die TSG auf dem letzten Platz und musste aus der Bezirksliga in die Kreisliga A absteigen, in der sie 1981 auch nur auf dem achten Platz lag. Die damalige Mannschaft wurde von Steffan Knapp trainiert und bestand aus Harry Friedmann, Jörg Friedrichs, Manfred Göde, Michael Hauck, Fernando Hernandez, Erich und Volker Knapp, Eddi Koloscheck, Andreas Krupp, Peter Laumann, Gerd Link, Matthias Neckermann, Berthold Rust und Erwin Schön[17].

Auch in den folgenden Jahren schleppte sich die Mannschaft in der A-Klasse dahin, war oft dem Abstieg nahe: 1983, 1984 und 1985 Elfter, 1990 Drittletzter, 1991 Vorletzter, 1992 Sechster, 1994 Zwölfter, 1995 Elfter, 1996 Zehnter, 1997 Zwölfter. Besonders düster sah es Ende der achtziger Jahre aus. In der Spielrunde 1987/88 musste sich der Verein von seinem Trainer Engelhardt sowie insgesamt acht Spielern trennen, die nur schwer zu ersetzen waren. Auch der neue Trainer Thomas Trzaskowski blieb nur ein Jahr. Weiteres Sorgenkind bildete die Zweite Mannschaft. *„Personelle Probleme, die jeder Beschreibung spotten: Der eine kommt, zwei andere gehen. Wäre nicht unsere AH-Mannschaft, die uns Woche für Woche aushelfen muss, hätten wir unseren Spielbetrieb kaum aufrecht erhalten können"*[18], klagte Spielausschuss-Vorsitzender Siegfried Schneckenberger. Auch beim Nachwuchs gab es Probleme: In der Runde 1987/88 konnte

Meisterschaftsmannschaft 2000. Stehend: Bernd Maurer, Sven Röhrborn, Stephan Streibert, Rene Berger, Ralph Kaiser, Markus Konowalow, Ricardo Beisheim, Peter Prior; kniend: Rhomas Ritz, Sven Erbel, Martin Ochwat, Jürgen Schmitt, Christian Zapova, Steffen Baunach, Pedro Teran, Mario Mestrovic.

Die Erste Mannschaft in der Saison 2001/2002. Hintere Reihe: Bilal Özbay, Horst Singer, Pedro Teran, Stephan Streibert, Kai Braun, Thomas Gutjahr; mittlere Reihe: Torsten Sieber, Mohammed el-Khaledi, Christian Bischer, Mustafa-Alper Ücüncü, Hakan Sandikci, Jens Kutterer, Trainer Peter Prior; vordere Reihe: Ilyas Aysal, Marco Orth, Mouaz Bejaoui, Richard Szarpak, Jürgen Schmitt.

die TSG weder A- noch B-Jugend melden[19]. 1998 schlug das Schicksal noch erbarmungsloser zu: Die TSG musste in die Kreisliga B absteigen.

Die Ära Maurer

Im Fußball kommt es selten vor, dass bei einem Abstieg der Trainer nicht entlassen wird. Dass sich Treue aber auch lohnen kann, das zeigte das Beispiel der TSG in den neunziger Jahren. Nachdem die Erste Mannschaft unter Bernd Maurer, der 1997 von Phönix Mannheim zur TSG gekommen war, 1998 als Tabellen-Letzter der Kreisliga A in die Kreisliga B abgestiegen war, kehrte sie bereits zwei Jahre später, im Sommer 2000, in die Kreisliga A zurück. Bereits vier Spieltage vor Rundenschluss war der Titelgewinn unter Dach und Fach. Mit zehn Punkten Vorsprung ging das Team durchs Ziel.

Das Sahnehäubchen setzte dem Erfolg der Ersten Mannschaft der Sieg im 31. Rheinauer Fußballpokal zuzüglich Gewinn des Fairnesspreises auf. Angesichts dieser Erfolgswelle schrieb Terence Träber im „Mannheimer Morgen": „Rheinaus neue Nummer eins"[20].

In der folgenden Runde 2000/2001 war es natürlich das Ziel Maurers, den Klassenerhalt in der A-Klasse zu schaffen, aber darüber hinaus auch „unter die ersten Neun zu kommen"[21]. Angesichts eines hervorragenden siebten Platzes wurde die Elf der TSG vom „Mannheimer Morgen" zum „Überraschungsteam" der Saison auserkoren[22].

Alle Beteiligten waren sich einig, dass dieser Erfolg einen Namen hatte, und zwar den von Bernd Maurer. Umso größer war das Bedauern, als Maurer Mitte Mai 2001 öffentlich bekannt gab, dass er nach 30 Jahren im aktiven Fußball und vier Jahren als Trainer der Ersten Mannschaft der TSG aufhören wolle. Nachfolger in diesem Amt wurde der 36-jährige Peter Prior, der einst bei der Alemannia gekickt hatte und in der Ersten Mannschaft der TSG die Defensive sicherte. So ganz allerdings ging Maurer der TSG nicht verloren: Als Abteilungsleiter Fußball blieb er ihr nämlich erhalten. Gegenüber dem „MM" räumte er ein, überlegt zu haben, ganz aufzuhören: „Aber das ging dann doch nicht, denn ich hänge mit dem Herzen an dem Verein."[23]

Liga-Platzierungen

1922 Bundesmeisterschaft: Vizemeister
1923 Bundesmeisterschaft: Vizemeister
1947 Bezirksliga (spätere II. Amateurliga): Vizemeister
1948 Bezirksliga (spätere II. Amateurliga): Meister
1949 Bezirksliga (spätere II. Amateurliga): Fünfter
1950 Bezirksliga (spätere II. Amateurliga): Letzter
1951 Kreisklasse: Sechster
1952 A-Klasse: Vierter
1953 A-Klasse: Zweiter
1954 A-Klasse: Meister
1955 II. Amateurliga: Zwölfter
1956 II. Amateurliga: Fünfter
1957 II. Amateurliga: Neunter
1958 II. Amateurliga: Achter
1959 II. Amateurliga: Neunter
1960 II. Amateurliga: Sechster
1961 II. Amateurliga: Vierter
1962 II. Amateurliga: Sechster
1963 II. Amateurliga: Letzter, aber kein Abstieg
1964 A-Klasse: Letzter
1965 A-Klasse: Dritter
1966 A-Klasse: Sechster
1967 A-Klasse: Zweiter
1968 A-Klasse: Meister und Aufstieg
1969 II. Amateurliga: Vorletzter und Abstieg
1970 A-Klasse: Vierter
1971 A-Klasse: Achter
1972 A-Klasse: Vorletzter
1973 A-Klasse: Neunter
1974 A-Klasse: Dritter
1975 A-Klasse: Siebter
1976 A-Klasse: Siebter
1977 A-Klasse: Sechster und Aufstieg in die neue Klasse
1978 Bezirksliga: Achter
1979 Bezirksliga: Achter
1980 Bezirksliga: Letzter und Abstieg
1981 Kreisliga A: Achter
1982 Kreisliga A: Sechster
1983 Kreisliga A: Elfter
1984 Kreisliga A: Elfter
1985 Kreisliga A: Elfter
1986 Kreisliga A: Vierter
1987 Kreisliga A: Achter
1988 Kreisliga A: Fünfter
1989 Kreisliga A: Siebter
1990 Kreisliga A: Drittletzter
1991 Kreisliga A: Vorletzter
1992 Kreisliga A: Sechster
1993 Kreisliga A: Drittletzter
1994 Kreisliga A: Zwölfter
1995 Kreisliga A: Elfter
1996 Kreisliga A: Zehnter
1997 Kreisliga A: Zwölfter
1998 Kreisliga A: Vorletzter und Abstieg
1999 Kreisliga B: Fünfter
2000 Kreisliga B: Meisterschaft und Aufstieg
2001 Kreisliga A: Siebter

Trainer

20-er Jahre	Karl Scheit
Ende 40-er	Modl
1951-1958	Hermann Klostermann
1958-1959	Theo Wahl
1959	Rudi Zieger
1960/1961	Kurt Laumann
60-er Jahre	Richard Pfister
1968/1969	Rudolf Kretzler
1969/1970	Bäckerle
1970-1972	Willi Rösch
1972/1973	Rudolf Kretzler
1973-1979	Günter Träutlein
1979-1982	Steffan Knapp
1982	Günter Räpple
1982-1985	Gerd Grün
1985-1987	Wolfgang Engelhardt
1987-1989	Thomas Trzaskowski
1989/1990	Bengsch
1990/1991	Wolfgang Engelhardt
1991/1992	Thomas Kohl
1992	Ingo Paulsen
1992-1994	Bernd Maurer
1994-1997	Ingo Paulsen
1997-2001	Bernd Maurer
ab 2001	Peter Prior

Jugendleiter

1973-1981	Günter Hack
1982-1983	Ralf Ludwig
1983-1984	Rainer Bath
1984-1987	Thomas Labbé
1987-1991	Willi Mausolf
1991-1993	Dieter Kaltwasser
1993-1996	Albert Gäckle
1996-1997	Rainer Scholl
1997-1998	Günter Steinfeld
1998-2000	Rainer Scholl
2000-2001	Dieter Maaß
2001-2002	Richard Szarpak

Spielausschuss-Vorsitzende

Willi Barth (Anfang der fünfziger Jahre)
Walter Morath (Mitte der sechziger Jahre)
Richard Pfister (Anfang der siebziger Jahre)
Rainer Barth (Mitte der siebziger Jahre)
Siegfried Schneckenberger (die achtziger Jahre über)
Mario Teutsch (Mitte der neunziger Jahre)

Abteilungsleiter

Willi Kaiser (die zwanziger Jahre über)
Adam Handwerker (Anfang der fünfziger Jahre)
Willi Barth (Ende der fünfziger Jahre)
Rudi Lipponer (Mitte der sechziger Jahre)
Willi Barth (Ende der sechziger Jahre)
Kurt Laumann (Mitte der siebziger Jahre)
Siegfried Schneckenberger (die achtziger Jahre über)
Willi Salewski (ende der achziger Jahre)
Mario Teutsch (Mitte der neunziger Jahre)
Bernd Maurer (ab dem Jubiläumsjahr)

Die AH

Eine Gruppe von Vereinsmitgliedern, die eine große Stütze im Verein darstellt, ist die AH. Es sind zwar die ältesten Fußballer der TSG, aber alte Herren sind sie im Gegensatz zu ihrem Namen dennoch nicht, auch wenn sie keine Liga-Spiele mehr absolvieren. Ihre Freundschaftsspiele dienen alleine der Freude am runden Leder, und auch die Geselligkeit kommt bei ihnen nicht zu kurz.

Die AH der TSG wurde Anfang der sechziger Jahre gegründet. Damals spielten in ihr unter anderem H. Becker, R. Benz, F. Calero, H. Denk, H. Hanel, V. Kutterer, K. Laumann, G. Mendel und Dieter Schmidt[1].

Ende der sechziger Jahre spielten in ihr H. Becker, R. Becker, H. Bender, R. Benz, W. Böhme, H. Denk, R. Fischer, R. Gerbert, K. Hafner, H. Hanel, L. Hauer, H. Hipp, K. Klug, K. Kramer, K. Laumann, G. Mendel, M. Neupert, K. Reifenberg, W. Salveter, F. Sauer, A. Schien und J. Schwab[3]. Doch sie waren nicht nur sportlich aktiv; immer wieder stellten sie sich auch bei Bauarbeiten in den Dienst des Vereins: So errichteten sie 1971 in Eigenarbeit einen Umkleide- und Duschraum vollständig in Eigenregie[3].

Mitte der siebziger Jahre bestand die AH-Mannschaft aus K. Bischoff, H. Denk, D. Dickemann, J. Düsi, B. Fischer, U. Fornal, E. Gern, J. Gerteis, P. Gerteis, H. Hipp, M. Hipp, D. Huttmann, J. Krüger, W. Kutterer, T. Labbe, H. Laubenbacher, K. Laumann, G. Müller, W. Nüsgen, N. Oppek, W. Pack, R. Pfister, G. Räpple, H. Rausch, K. Reifenberg, H. Rust, R. Schlüßler, S. Schneckenberger, E. Weber und L. Zenger[4]. Ende der siebziger Jahre wurde ein eigenes AH-Turnier begründet, das Vatertagsturnier der TSG.

In den achtziger Jahren kickten in der AH unter anderem: B. Alfani, G. Berger, A. Cabalero, M. Dammith, H. Eisele, U. Fornal, A. Fuchs, E. Gaida, M. Germies, P. Gerteis, H. Groth, W. Jakobi, Kitt, P. Klug, J. Krüger, W. Kutterer, H. Laubenbacher, K. Laumann, P. Laumann, J. Lemmert, L. Mielke, R. Monitz, K. Mückenmüller, G. Müller, W. Nüsgen, N. Oppek, F. Pfister, R. Pfister, K. Reifenberg, K. Salewski, W. Salewski, P. Schmitt, S. Schneckenberger, Sommer, W. Trundt, H. J. Witzel und L. Zenger[5].

Für das 20. Jubiläum des Vatertagsturniers 1999, bei dem auch der aus der TSG stammende Bundesliga-Star Maurizio Gaudino anwesend war, stiftete das Toyota-Autohaus Karg & Pfister, dessen Mitinhaber Fritz Pfister AH-Präsident ist, einen Wanderpokal sowie ein Preisgeld von insgesamt 1000 Mark. Der erste Preis ging an den SC

Pfingstberg-Hochstätt, der zweite an den SC Rot-Weiß Rheinau und der dritte an den FC Alemannia Rheinau[6]. Das Vatertagsturnier der AH war eine der wenigen sportlichen Veranstaltungen zum Jubiläumsjahr des Gesamtvereins überhaupt.

Im Jubiläumsjahr 2001 sind in der AH unter ihrem Präsidenten Fritz Pfister aktiv: M. Anderson, B. Bigott, G. Carta, A. Certa, F. Celic, M. Dammith, Josef Düsi, Jürgen Düsi, E. Eisele, H. Eisele, W. Eisele, K. Fillinger, A. Geider, T. Graichen, K. H. Herrenkind, T. Knecht, K. Lautermann, R. Müller, G. Nowak, R. Pakalski, F. Pfister, R. Pfister, E. Raab, J. Rumpf, H. Schlichting, J. Schmitt, P. Tidona und R. Yasar[7].

Im Jubiläumsjahr trainiert die AH jeweils Donnerstags und trägt Samstags ab 17 Uhr ihre Freundschaftsspiele aus[8].

AH im Jubiläumsjahr. Stehend: M. Dammith, T. Graichen, A. Geider, H. Eisele, R. Pakalski, R. Müller, J. Düsi, M. Anderson, H. Schlichting, E. Raab; kniend: Jürgen Düsi, K. Herrenkind, Kl. Lautermann, R. Yasar, J. Schmitt, E. Alloca; liegend: F. Pfister.

AH 1962. Stehend: D. Schmidt, H. Hanel, G. Mendel, H. Denk, V. Kutterer, K. Laumann, H. Eisele; kniend: H. Becker, R. Benz, F. Calero.

Die AH 1968. Stehend: H. Becker, W. Böhme, H. Hanel, K. Reifenberg; K. Laumann, K. Kramer, W. Hipp, R. Gerbert; kniend: M. Neupert, G. Mendel, A. Schien, R. Benz, W. Salveter.

Die AH 1976. Stehend: K. Reifenberg, S. Schneckenberger, D. Dickemann, P. Gerteis, G. Räpple, G. Müller, H. Denk; kniend: R. Pfister, W. Kutterer, U. Fornal, E. Weber.

Die AH 1988. Stehend: K. Salewski, P.Klug, M. Dammith, W. Trundt, P. Schmitt, H. Eisele; kniend: L. Mielke, W. Salewski, A. Cabalero, E. Gaida, F. Pfister.

Teilnehmer und Organisatoren des 20. Vatertagsturniers der AH 1999. Vorne links Jugendspieler der TSG, der neunte Stehende von rechts (mit schwarzer Lederjacke): Stargast Maurizio Gaudino.

Privatmannschaft TSG Juventus Rheinau

"Juventus Rheinau" wurde im Jahre 1984 als italienische Privatmannschaft der TSG Rheinau gegründet[1]. Bereits 1987 eroberten die Rheinauer Italiener den zweiten Platz des Italien-Pokals, eines Turniers, an dem ausschließlich italienische Mannschaften in Deutschland teilnehmen. 1989 konnte der Aufstieg in die B-Klasse der Privatmannschaften erreicht werden. Die Geselligkeit kam dabei nicht zu kurz: 1989 zum Beispiel unternahmen die Aktiven eine Busreise nach Turin, der Heimat von Juventus Turin, und wurden dabei im Stadion von Dino Zoff empfangen. Pünktlich zum 10-jährigen Bestehen des Vereins in der Amtszeit des Vorsitzenden Ciro Rappa 1994 stieg die Mannschaft unter ihrem Trainer Tonino Truglio in die A-Klasse der Privatmannschaften auf. Im 100. Jubiläumsjahr des Gesamtvereins TSG besteht TSG Juventus Rheinau im 18. Jahr.

Dieses gedeihliche Miteinander, aber auch die Präsenz von italienischen und noch stärker türkischen Jugendlichen in den Jugendmannschaften der TSG zeigt, dass Ausländerfeindlichkeit bei der TSG und im Sport generell kein Thema ist. Das Turnierheft zum Jubiläumsturnier 1994 beschrieb es treffend: *"In den Sportvereinen üben Kinder und Jugendliche vieler Nationen gemeinsam ihr Hobby aus, proben das gemeinschaftliche Miteinander und dass man in Sieg und Niederlage friedlich und menschlich fair mit einander umgehen kann. Gerade in der heutigen Zeit ist Sport besonders wichtig, um das Gemeinsame zwischen Ausländern und Deutschen zu betonen, um zu sagen: Wir stehen zusammen und sprechen uns gegen Ausländerfeindlichkeit und für ein friedvolles Miteinander aus*[2].*"*

Die italienische Privatmannschaft TSG Juventus Rheinau im Jubiläumsjahr.

Die Jugendarbeit

Die Jugendarbeit eines Sportvereins ist gleich in mehrfacher Hinsicht von großer Bedeutung. Einem Verein, der im Liga-Sport tätig ist, wie etwa die TSG im Fußball, sichert sie – ganz im Unterschied zu „eingekauften" auswärtigen Spielern – nicht nur einen preisgünstigen, sondern vor allem einen mit hoher Identifikation und damit Motivation ausgestatteten Nachwuchs für seine Liga-Mannschaften; wer selbst in der Umgebung des Vereins wohnt, strengt sich stärker an als jemand, der von außen kommt und nur für Geld spielt. Darüber hinaus hat Vereinsjugendarbeit eine wichtige gesamtgesellschaftliche Funktion: Im Sport, in einer Vereinsmannschaft, lernen Kinder und Jugendliche im wahrsten Sinne des Wortes spielend, ihre überschüssigen Kräfte los zu werden, dies aber sozialverträglich, in einem Team, in Kooperation, ja mit Rücksicht auf ihre Mitmenschen. In einer Zeit, in der besonders in Großstädten immer weniger Freiraum besteht, zum Beispiel vor dem Haus einfach mal zu bolzen und seinen Kräften freien Lauf zu lassen, gewinnt diese Arbeit immer mehr an Bedeutung. Vielen Kindern gelingt es vor lauter überschüssiger Energie, vor lauter Zappeligkeit schon nicht mehr, eine normale Schulstunde ruhig durchzuhalten. Jugendarbeit in Sportvereinen dient also nicht nur der körperlichen Gesundheit, sondern auch der Verhinderung von sozialen Auffälligkeiten.

Die ersten Jahre

Die Jugend körperlich, aber auch geistig und politisch zu formen – das war eines der zentralen Anliegen der Arbeiter-Sportbewegung. Noch die Festschrift zum 25. Jubiläum des Rheinauer Vereins aus dem Jahre 1926 beinhaltet vier volle Seiten „Mahnwort an Eltern und Schulentlassene". Es zeugt von dem Pathos, mit dem die Jugendarbeit damals betrachtet wurde und soll daher hier auszugsweise im Wortlaut zitiert sein. Dort heißt es:

„Euch Eltern sei daher die Wichtigkeit der Frage vor Augen geführt und Euch, Ihr Jungen, wollen wir klar machen, wie wichtig es ist, auf dem einmal beschrittenen Weg zu bleiben. Mancherlei Art werden die Ge-

fahren sein, die an euch herantreten. Den gesunden Einflüssen von Elternhaus und Schule werden sich Gegenkräfte in den Weg stellen. Und schon mancher junge Mensch, der wohl ausgestattet mit Körper- und Geisteskräften die Fahrt ins Leben begonnen, hat Schiffbruch erlitten, weil er den schädigenden Einflüssen dieser Gegenkräfte erlag. Ein altes Wort sagt: Böse Gesellschaften verderben gute Sitten. Und eben diese Gesellschaft ist oft der Hauptgrund für das Verderben mancher Menschen. Darum gilt für Euch als erste Mahnung die: Sucht gute Gesellschaft. Und wenn wir auch nicht pharisäerhaft sagen wollen, Ihr findet sie nur bei uns, so können wir doch die Versicherung geben, dass ihr in unserem Kreise in guter Obhut seid. Gewarnt seid vor allem von denjenigen, die versuchen, Euch durch spöttische Redensarten zu verleiden, was ihr bisher hochschätztet. Wohl werden sie andererseits Euch mit schönen, klingenden Worten ausmalen, worin sie ihre Freuden finden. Und wir kennen sie ja alle, die Stätten des Vergnügens, die sie euch anpreisen: Das Kino, das Wirtshaus mit den Gefahren des Alkohols und des Nikotins, der Tanzboden mit seinen frühzeitigen Liebeleien zwischen Kindern und das phantasieaufregende Hinbrüten über Schundliteratur. Wir erleben es täglich an Jungen und Alten, wohin sie durch den Einfluss dieser Gefahren geführt werden. Die Krankenhäuser, Gefängnisse und Zuchthäuser sprechen eine beredte Sprache davon ... Schickt eure Kinder dahin, wo wirklich nur ihr Bestes gewollt wird. Noch sind sie in dem Alter, wo ihr sie leiten könnt. Sorgt dafür, dass dann, wenn sie ihren eigenen Weg gehen, Euer Wille zu ihrer innersten Überzeugung geworden ist[1]*."*

Was uns heute in Sprache und Inhalt altertümlich anmutet, bedarf natürlich der Erläuterung und der Interpretation. Die Warnung vor den „frühzeitigen Liebeleien" hatte ihren durchaus ernsten Hintergrund. Verhütung gab es damals noch nicht, viele junge Menschen standen nach einer unbedachten Affäre vor der Wahl zwischen der (im übrigen damals strengstens verbotenen) Abtreibung bei einer „Engelsmacherin" oder – weil sie sich eine solche nicht leisten konnten – dem Austragen eines Kindes, das sie oftmals ohne Vater großziehen mussten und das damit permanente materielle Not bedeutete. Und was die übrigen angeprangerten „Verführungen" wie Kino, Wirtshaus und Alkohol betrifft: Wenn man sie durch ihre heutigen „Nachfolger" ersetzt – für Kino Video-Glotzen, für's Wirtshaus die Disco und für die Gefahren des Alkohols die Gefahren der Drogen setzt –, dann hat sich an den Herausforderungen für die Jugendarbeit im Grunde seit einem Jahrhundert nicht so arg viel geändert.

Als der Arbeiter-Turnverein Rheinau 1901 gegründet wurde, war ihm Jugendarbeit eigentlich verboten. In der durchaus richtigen Er-

Jugend des Arbeiter-Turn- und Sportvereins. Das Bild entstand in der Zeit vor dem Ersten Weltkrieg vor dem "Buckelwirt", einer Gaststätte, die bis in die sechziger Jahre in Höhe des heutigen Karlsplatzes bestand.

Fußball-Jugend des Vereins vor dem Vereinsheim in den zwanziger Jahren.

kenntnis, dass demjenigen die Zukunft gehört, der die Jugend gewinnt, hatte der wilhelminische Obrigkeitsstaat versucht, den Zugang von Jugendlichen in die Arbeiter-Turnvereine mit allerlei gesetzlichen Schikanen zu verhindern. So definierte der Staat zum Beispiel Übungsstunden im Turnen als Unterricht; die Genehmigung zur Erteilung von Unterricht erhielt laut Gesetz jedoch nur derjenige, der dazu die sittliche Befähigung besaß; sozialdemokratisch zu sein, galt jedoch seit dem „Sozialistengesetz" von 1878 als „gemeingefährlich" und damit als unsittlich. Jugendarbeit war den Arbeiter-Vereinen damit unmöglich gemacht. Auch der bloße Beitritt zu Arbeiter-Vereinen war Jugendlichen nicht möglich: Das Reichsvereinsgesetz verbot Personen unter 21 Jahren die Mitgliedschaft in politischen Vereinigungen; doch als politisch verstand sich die Arbeitersportbewegung ja in der Tat.

Doch mit allerlei Geschick vermochte es der Verein offensichtlich, diese Verbote zu umgehen. Im Bericht über die Fahnenweihe vom Juli 1910 schrieb die Festschrift von 1926 jedenfalls über „die turnerischen Darbietungen aller Gruppen, namentlich auch der trotz Verbots seit 1906 wieder aufgenommenen Schülerabteilung[2]." Nach dem Sturz der Monarchie 1920 wurde sogar eine reguläre Schülerinnen-Mannschaft gegründet[3]. Verantwortlich für die Jugendarbeit in den zwanziger Jahren waren der Schülerturnwart Gustav Deutsch und sein Stellvertreter Georg Ernst sowie der Schülerinnen-Turnwart Fritz Braun. Das Turnen der Jugend umfasste für die Acht- bis 14-Jährigen drei Klassen: Unter-, Mittel- und Oberstufe[4].

Spätestens 1922 gab es außerdem eine Jugend-Fußballmannschaft, bestehend aus den Spielern W. Böhm, R. Bolz, C. Braun, H. Ernst (Ersatzspieler), A. Heckert, H. Ketterer, H. König, H. Rolli, B. Viertler, M. Weber und W. Wiswesser[5]. Zwischen 1933 und 1945 existierte der Verein nicht. Als Jugendleiter beim FC Alemannia, zu dem ein Großteil der Jugendlichen aus dem Arbeiter-Turn- und Sportverein gestoßen war, fungierte von 1937 bis 1945 Willi Barth[6], vorher Jugendspieler beim bisherigen Arbeiter-Turn- und Sportverein.

B-Jugend als Stadtmeister ihrer Klasse 1948. Von links: Jugendleiter Barth, Leibold, Kroner, Stoll, Künsmann, Hettel, Schlienger, Trainer Müller sowie eine unbekannte Person; kniend: Nüsgen, Wagensinn, Deininger, Reifenberg, Wessely, Schwab, Benz.

A-Jugend-Mannschaft der Saison 1951/52 nach einem Turniersieg in Pfungstadt.

Neubeginn nach dem Kriege

Nach dem Kriege konnte die Jugendarbeit an ihre früheren Erfolge anknüpfen. Bereits 1951 wurde die A-Jugend im Fußball Gruppenmeister ihrer Klasse. Unter Leitung von Petzold und Müller kickten damals Benz, Hafner, Hipp, Large, Mendel, Müller, Schlienger, Schneckenberger, Siegel, Siemeth, Spies, Wagemann und Wagner[7].

Unter dem im Jahre 1957 ins Amt gekommenen Vorsitzenden Willi Bader wurde die Jugendarbeit ein Schwerpunkt der Vereinsarbeit. So gründeten der damalige Jugendleiter Willi Barth und sein unermüdlicher Mitstreiter Alois Prager das nach dem früheren Vorsitzenden benannte Heinrich-Frey-Gedächtnisturnier, damals eines der namhaftesten A-Jugendturniere im Fußballkreis Mannheim sogar mit internationaler Besetzung[8]. 1972 wurde es nach dem Tode des gleichnamigen Erste-Mannschaft-Spielers in Valentin-Kutterer-Turnier umbenannt.

Die prägenden Gestalten der Jugendarbeit in den fünfziger und sechziger Jahren waren Willi Barth und Fritz Böckenhaupt. 1913 geboren, war Barth bereits mit sieben Jahren, also 1920, zur Turnabteilung des damaligen Arbeiter-Turn- und Sportvereins gestoßen. Mit zwölf Jahren wurde er Spielführer der Schülermannschaft im Fußball, mit 14 Jugendspieler und erstmals Funktionär: Zweiter Schriftführer der Fußball-Abteilung. 1937 bis 1945 übernahm er die Jugendleitung der Alemannia, die er danach auch bei der SG und später bei der TSG inne hatte. In dieser Funktion gründete er 1957 das Heinrich-Frey-Gedächtnisturnier für A-Jugend-Mannschaften. 1964 gab er die Vereinsjugendleitung endgültig ab[9], im Dezember 1973 wurde er zum Ehren-Jugendleiter ernannt. Die gleiche Auszeichnung wurde dem aus dem VfR Mannheim stammenden Fritz Böckenhaupt zuteil, der viele Jahre lang als Schülerleiter der TSG gewirkt hatte.

Die beiden prägenden Gestalten der TSG-Jugendarbeit in den fünfziger und sechziger Jahren: Jugendleiter Willi Barth und Schülerleiter Fritz Böckenhaupt.

C-Jugend der Saison 1975/76 als Staffelsieger ihrer Klasse. Hintere Reihe: Trainer G. Räpple, N. Rust, H.-P. Link, M. Lenz, M. Göde, V. Roesner, K.-D. Trumpp, Betreuer Günter Friedrichs; mittlere Reihe: R. Metz, A. Kopper, U. Weishäupel, Th. Kohl, J. Friedrichs, W. Janke; vordere Reihe: H. Duppke, D. Kaltwasser.

D-Jugend der Saison 1975/76 als Staffelsieger ihrer Klasse. Stehend: Betreuer Otto Schweizer, B. Jantschek, Th. Klug, J. Schweizer, F. Fiannaca, H. Bux, U. Kopper, Betreuer Jäger, U. Hauck, Trainer Th. Labbe; kniend: Th. Will, R. Winterkorn, F. de Pilla, M. Neckermann, K. Oppek, M. Dumke, W. Jäger (es fehlte S. Denk).

Fallbeispiel 1976[10]

In den siebziger Jahren erlebte die Jugendarbeit der TSG insbesondere in der Fußball-Abteilung einen Höhepunkt. Schüler- und Jugendklasse stellten sechs Mannschaften, mehrere von ihnen wurden Staffelsieger. Unmöglich, an dieser Stelle sämtliche Aktivitäten und Namen in diesem Bereich zu nennen. Als Fallbeispiel sei jedoch die Situation im Jahr des 75.Vereinsjubiläums 1976 ausführlich geschildert.

Im Jahre 1975 wechselten auf einen Schlag acht Spieler der A-Jugend in die Erste Mannschaft, so dass eine nahezu völlig neue A-Jugend aufgebaut werden musste. Um das funktionierende Mannschaftsgefüge der B-Jugend beizubehalten, entschlossen sich die Verantwortlichen, diese B-Jugend geschlossen – mit den wenigen noch verbliebenen A-Jugendspielern – als neue A-Jugend zu den Verbandsspielen zu melden. Unter der Trainingsleitung von H. Rust und der Betreuung von J. Hernandez wurden in der Vorrunde auch gute Ergebnisse und damit der dritte Tabellenplatz erzielt. Die Rückrunde lief nicht derart gut: Die Mannschaft wurde vom Verletzungspech heimgesucht, ihr bester Spieler C. Hernandez für die Erste Mannschaft frei gestellt. Für die verbliebenen jungen Spieler war die Anforderung dieser Klasse noch zu hoch, so dass sie sich in der Sonderstaffel nicht platzieren konnte.

Unter der Trainingsleitung von W. Nüsgen und der Betreuung von K. Kränzke erzielte die B-Jugend den dritten Tabellenplatz. In der Rückrunde konnte sie ihre Leistung sogar noch steigern und bis auf eine Ausnahme sämtliche Spiele gewinnen.

Die C-Jugend I wurde in der Saison 1975/76 ungeschlagen und ohne Gegentor Herbstmeister. Mit ihrem Trainer G. Räpple und ihren Betreuern Günter Friedrichs und Karl Vogel unternahmen sie in den Herbstferien einen achttägigen Ausflug nach St. Andreasberg im Oberharz mit Wandern, Spiel und Sport. Der Erfolg stellte sich ein: In der Rückrunde ging kein Spiel verloren, die Mannschaft wurde mit 28:0 Punkten bei 113:1 Toren Staffelmeister des Spieljahres 1975/76. Wegen seiner Einberufung zur Bundeswehr musste P. Hornischer das Training der C-Jugend II an L. Zenger abgeben. Trotz dieses für C-Jugend-Spieler schwierigen Wechsels der Bezugsperson erreichte die Mannschaft 1976 den sechsten Tabellenplatz.

Trainiert von Th. Labbe und betreut von Otto Schweizer wurde die D-Jugend I ungeschlagen mit 32:0 Punkten und einem Torverhältnis von 154:3 Toren im Spieljahr 1975/76 Staffelsieger ihrer Gruppe. Auch bei Gegnern anderer Staffeln ging kein Freundschaftsspiel verloren. Die von J. Düsi trainierte D-Mannschaft II be-

C-Jugend als Kreismeister ihrer Klasse 1984.

B-Jugend der Saison 2001/2002. Stehend: Richard Szarpak (Trainer), Ibrahim Kala, Fartik Saras, Taner Caliskan, Cetin Musoy, Faik Atmaca, Adriano Palmisano, Tarik Bozkoyun, Ko-Trainer Christian Bischer; sitzend: Kadir Tantin, Salvatore Timpanaro, Benjamin Maicher, Salvatore Antonna, Waldemar Kleninger.

fand sich im oberen Tabellendrittel.

Aller guten Dinge sind bekanntlich drei – und so wurde die E-Jugend I mit ihren Trainern und Betreuern Winterkorn und Fioranelli ebenfalls ungeschlagen mit 31:1 Punkten und einem Torverhältnis von 63:2 Toren Staffelsieger der Saison 1975/76. Auch die Fünf- bis Sechsjährigen fühlten sich in den grün-weißen Farben der TSG schon recht wohl und bildeten in Form einer E-Jugend 2 den vielversprechenden Nachwuchs.

Auf und Ab in den achtziger und neunziger Jahren

In der Runde 1983/84 war die Zahl der Jugend- und Schülermannschaften auf sieben angestiegen. Allerdings musste die A-Jugend in die Kreisliga absteigen[11]. Die Runde 1984/85 brachte vor allem einen tiefen personellen Einschnitt: Jugendleiter Rainer Barth, Sohn des legendären Willi Barth und wie dieser engagiert, trat zurück. Trotzdem ging die Jugendarbeit weiter: Ganzer Stolz des Vereins war die E-Jugend, die nur einen Punkt hinter dem VfR stand, sowie die F-Jugend, die mit 14:0 Punkten an erster Stelle rangierte[12]. In der Runde 1987/88 wurde die C-Jugend Tabellenführer, A- und B-Jugend klagten allerdings über Nachwuchsprobleme[13]. In der Runde drauf konnte die TSG weder eine A- noch eine B-Mannschaft melden[14].

In der Runde 1994/95 war die Krise der Jugendarbeit zunächst beendet. Erstmals seit vielen Jahren konnte die TSG von den Bambini über die F-Jugend bis hin zur A-Jugend insgesamt acht Mannschaften beim Verband melden. Das bedeutete: Über 140 Kinder und Jugendliche waren Woche für Woche auf dem Platz aktiv. Alle Mannschaften lagen auch gleich im oberen Tabellenfeld, die C-Jugend konnte in der Hallenrunde sogar in die Endrunde vorrücken[15]. In der Runde drauf wurde die C-Jugend sogar Kreisstaffelsieger[16].

Zum 100. Vereinsjubiläum trugen auch die Jugendmannschaften ihren Teil bei: Als kleines Geschenk eroberten die E-Jugend und die D-Jugend 2 im Jahr 2000 den Staffelsieg und damit die Meisterschaft[17]. Einziger Wermutstropfen ist die Tatsache, dass seit 1999 keine A-Jugend-Mannschaft mehr besteht. Jugendleiter im Jubiläumsjahr sind Richard Szarpak und Joseph Dusi.

C-Jugend der Saison 2001/2002. Stehend Christian Maicher (Betreuer), Steven Kunhold, Burim Barileva, Thorsten Weber, Furkan Göcer, Giuseppe Campana, Josef Düsi (Betreuer); sitzend: Aldo Puglisi, Giovanni Timpanaro, Christian Böhler, Benjamin Maicher.

D-Jugend der Saison 2001/2002. Hintere Reihe: Kuhishold, Gerardi, Kamamona, Puglisi, Arif; mittlere Reihe: Zielke (Trainer), Coskun, Saras, Gülden, Maaß (Trainer); sitzend: Fischl, Saleh, Böhler, Schütze, Zielke, Hilpert.

E-Jugend der Saison 2001/2002. Hintere Reihe: Süleyman Mello (Trainer), Ufuk Cezik, Dawit Markof, Sebastian Zielke, Dennis Slavik, Christian Künzler, Andreas Wonhas, Silvia Emmerich (Betreuerin); sitzend: Uyup Ulusoy, Firat Yaman, Yasin Aydogan, Giovanni Fiannaca, Soner Tokgöz.

F-Jugend der Saison 2001/2002. Stehend: Muzaffer Mezzo (Trainer), Patrick Künzler, Dennis Knopf, Tufan Yilmaz, Okan Mezzo, Silvia Emmerich (Betreuerin); sitzend Hüseyin Izgi, Ahmet Mezzo, Alexander Klein, Dennis Hadat, Thorsten Emmerich.

Übungen der Freien Turner auf ihrem Platz am Heuweg, wahrscheinlich in den zwanziger Jahren.

Rheinauer Arbeiter-Turner bei Vorführungen außerhalb Mannheims, möglicherweise zur Einweihung des Frankfurter Stadions 1925, an der Aktive des Arbeiter-Turn- und Sportvereins Rheinau nachweislich teilgenommen haben.

Die Gymnastik-Abteilung

Im ausgehenden 19. Jahrhundert war Turnen die zentrale Disziplin des Sports gewesen, ja noch mehr: Turnen war der Sport schlechthin und umgekehrt. Es erfreute sich des Wohlwollens des wilhelminischen Obrigkeitsstaates, galt es doch seit den Zeiten des Turnvaters Jahn als ur-deutsch – im Gegensatz zu „fremdländischen" Sportarten wie Fußball oder Tennis, die, wenn auch nur zaghaft, Verbreitung in Deutschland fanden. Und schließlich kam eine Sportart, deren Übungen von einer Gruppe gleichförmig vorgeführt wurden, dem militaristischen Zeitgeist ideal entgegen.

So sehr sich die Arbeitersportbewegung dem nationalistischen politischen Charakter der Turnerbewegung entgegen stellte, so sehr war sie sportlich in ihrer Tradition gefangen. Auch für Arbeitersportler bedeutete Sport zunächst ausschließlich Turnen. Und so wurde der Vorgängerverein der TSG im Jahre 1901 denn auch lediglich als „Arbeiter-Turn-Verein" begründet. Turnen bildete in ihm die einzige Disziplin.

Das Vereinsgeschehen erstreckte sich zunächst auf die Turnstunden, die alle zwei Wochenenden stattfanden. Turnwart war in diesen Anfangsjahren August Kiefer, der bis dahin beim bürgerlichen Turnverein 1893 Rheinau geturnt hatte und dort auch sehr erfolgreich war. Unter seiner Leitung gewannen die Rheinauer Arbeiterturner an Leistungsstärke, nahmen zunehmend an lokalen, regionalen und überregionalen Turnfesten teil – so etwa am Kreisturnfest 1911 in Mannheim und am Bundesturnfest 1912 in Nürnberg[1]. Auch nach Gründung der heute dominierenden Fußball-Abteilung im Jahre 1912 verlor das Turnen an Bedeutung zunächst nicht. Im Gegenteil: 1920 wurde ein Turnerinnen- und eine Schülerinnen-Abteilung gegründet[2]. Das Verbot des Vereins durch die Nationalsozialisten setzte dem Turnen in diesem Verein ein Ende; im FC Alemannia, in den viele Jugendliche und aktive Sportler 1933 wechselten, wurde – wie der Namen dieses Vereins schon aussagte – kein Turnen betrieben, sondern nur Fußball gespielt.

Auch nach dem Zweiten Weltkrieg konnte der Turnbetrieb nicht bald von Neuem aufgenommen werden. Die amerikanische Besatzungsmacht hatte den Turnsport zunächst verboten; durch seine von einer großen Menschengruppe gleichförmig ausgeübten Bewegungen galt er ihr als militaristisch und damit auch faschistisch. Erst mehrere Monate nach Kriegsende konnte innerhalb des Fusionsvereins „SG" das Frauen-Turnen begründet werden, das unter

Die Turn-Abteilung beim 60. Vereinsjubiläum 1961: Abteilungsleiter K. Burkhardt, R. Oechsner, H. Szaidel, R. Krieg, D. Schlienger, D. Fleischmann, J. Klug, D. Thorn, J. Sturm, Übungsleiterin G. Becker, Vereinschef Boris Bockelmann; kniend: H. Wagner, M. Krapf, H. Dressel.

Die Aktiven der Damen-Gymnastik im 75. Jubiläumsjahr 1976. Sitzend: R. Meder, K. Jakoby, K. Kopper, F. Hofmann, L. Wacker, F. Marsch, A. Sommer, J. Ludwig (Abteilungsleiterin); stehend: H. Mühlum (Übungsleiterin), K. Kessel, M. Knoblauch, M. Eisele, B. Mückenmüller, Ch. Hofmann, G. Treffinger, M. Lobert, M. Schmitt und R. Wolf.

Leitung von Giesela Diesing stand[3].

Giesela Diesing

In den fünfziger und vor allem den sechziger Jahren konnte das Turnen jedoch nicht mehr an seine ursprüngliche Bedeutung anknüpfen. Das Männer-Turnen war inzwischen völlig „out", die Jugendlichen wiederum wandten sich verstärkt dem Fußball zu, dem spätestens seit dem Gewinn der Fußballweltmeisterschaft 1954 ein weit größeres Sozialprestige zukam. Ende der sechziger Jahre wurde es um die Gynmnastik-Abteilung der TSG ruhig. Doch der Vorstand vertrat die Auffassung, gerade diese Abteilung dürfe nicht untergehen. Eine Versammlung der Turnerinnen wurde einberufen, um die Abteilung straffer zu organisieren. Doris Schlienger wurde zur Abteilungsleiterin gewählt, ihr zur Seite stand Annemarie Saif. Die neue Abteilungsleitung startete eine gezielte Werbekampagne, die auch in der Tat mehr Mitglieder brachte. Von Übungsstunde zu Übungsstunde, die von der Turnlehrerin Hinterscheidt geleitet wurden, kamen mehr Frauen. Nach Hinterscheidts Ausscheiden übernahm Frau Scipio das Training. Beim 70. Jubiläum des Vereins hieß es daher: „Wir möchten nun annehmen, dass die Aufwärtsentwicklung anhält[4]."

So war es auch. Mitte der siebziger Jahre erfreute sich die von Jolande Ludwig geleitete Gymnastik-Abteilung bereits wieder regen Lebens. Unter Leitung von Henny Mühlum trafen sich jeweils Mittwoch um 19 Uhr an die 20 Frauen in der TSG-Halle zu ihren Übungen[5]. Die Abteilung, inzwischen längst nicht mehr unter der traditionellen Bezeichnung „Turnen", sondern unter dem moderner klingenden Namen Gymnastik, profitierte von dem gestiegenen Gesundheits-Bewusstsein der Bevölkerung, das in den siebziger Jahre einsetzte.

Im April 1994 gründete der Verein unter der Leitung von Maria Heiden unterstützt durch die Rheinauer Fachärzte Claus Tildmann, Dr. Verhees, Dr. Wolfram und Dr. Rusche eine Koronarsportgruppe. Der Koronarsport wird jeweils Mittwochs ab 18 Uhr in der vereinseigenen Turnhalle angeboten. Die Gruppe umfasst z.Z. ca. 40 Mitglieder, betreut von den Fachärzten Claus Tildmann, Dr. Martin Wolfram und Dr. Michael Geier

1998 gründete der Verein die von Margot Eisele geleitete Abteilung Wirbelsäulengymnastik. Die Übungsstunden finden freitags ab 19 Uhr statt.

Die Aktiven der Gymanstik-Abteilung im Jubiläumsjahr. Von links: Jolande Ludwig, Janni Haertel, Karin Kopper, Anne Saif, Irmgard Kroll, Ruth Heinrich, Rita Brado, Monika Lobert, Ellen Utz, Terese Wolf, Gabriele Treffinger, Annelise Skobacz, Brigitte Ludwig. Nicht auf dem Bild: Martha Gack, Irene Gaier, Katharina Jacobi, Renate Knauff, Maria Nastasi und Luise Sommer

Die Aktiven der Wirbelsäulen-Gymnastik im Jubiläumsjahr. Von links: Ruth Schrör, Karin Schober, Gerda Schmidt, Andrea Staudt, Hans Eisele, Margot Eisele, Gertrud Eisele, Viktor Schober, Cäcilia Staudt, Manfred Hoffmann, Magda Trump, Christel Sudau. Es fehlen Helga Jandura, Karl Korb, Veronika Uhrig und Ingrid Wörthmüller.

Die Aktiven der Koronarsport-Gruppe während ihrer Übungsstunde (Bild oben) und während eines Ausflugs (Bild unten).

Die Aktiven der Tischtennis-Abteilung der TSG beim 60. Vereinsjubiläum 1961.

Abteilungsleiter Herbert Dechant (r.) und sein Stellvertreter Karl-Heinz Sommerfeld.

Die Tischtennis-Abteilung

Tischtennis, jenes Spiel, bei dem ein kleiner weißer Zelluloidball mit einem Schläger auf einem Tisch über ein Netz hin- und hergespielt wird, wobei die Fehler des jeweils anderen Spielers zählen, ist eine relativ junge Sportart. Entscheidend für ihre Verbreitung war die Erfindung des Zelluloid-Balls durch den Briten Francis Gibb im Jahre 1890. Auf Grund der Geräusche dieser Bälle bei ihrem Aufschlag erhielt das Spiel übrigens schnell einen Spitznamen: Ping-Pong. Erste Turniere fanden 1901 in Berlin und Wien statt, 1925 wurde die erste Deutsche Meisterschaft ausgespielt und von 32 Vereinen der Deutsche Tischtennis-Bund gegründet. 1926 fand die erste Weltmeisterschaft statt (olympisch jedoch wurde Tischtennis übrigens erst 1988 – als Referenz an den Austragungsort der Olympiade jenes Jahres, Seoul in Südkorea)[1].

In den zwanziger Jahre begann sich Tischtennis als „Tennis des kleinen Mannes" überall in Deutschland durchzusetzen. Anfang der dreißiger Jahre wurde es auch in Mannheim heimisch. Die Kriegsjahre waren dieser Entwicklung durchaus förderlich. In Kasernen der Kriegszeit und Notunterkünften der Nachkriegszeit bildete Tischtennis neben Fußball die einzig mögliche, weil unkomplizierte sportliche Betätigung[2]. Nach dem Zweiten Weltkrieg stieg die Zahl der Tischtennis-Spieler auf rund eine viertel Million Aktive in 5000 Vereinen an.

Die Tischtennis-Abteilung der TSG war nach Wiedergründung des Gesamtvereins im Jahre 1950 von 17 Mitgliedern ins Leben gerufen worden. Innerhalb kürzester Zeit verfügte sie über mehr Teilnehmer, als in den Übungsstunden überhaupt zum Zuge oder besser: zum Schlage kommen konnten. Ein großer Teil davon war zwar Anfänger, aber es gab auch bereits einige Talente unter ihnen. Diese Leistungsträger wurden von den Trainern Herbert Dechant und Karl-Heinz Sommerfeld innerhalb von nur einem Jahr zu einer schlagkräftigen Mannschaft geformt. Im Jahr des 50. Jubiläums der TSG 1951 meldete die Tischtennis-Abteilung immerhin zwei Herren- und zwei Damenmannschaften. Ende der fünfziger Jahre konnte die immer noch von Dechant und Sommerfeld geführte Abteilung mit herausragenden Spielern wie Renate Oechsner und Wolfgang Nerger große Erfolge verbuchen.

In den sechziger Jahren kehrten auch in der Tischtennisabteilung wie im Gesamtverein weniger erfolgreiche Zeiten ein. Nach dem Tode des langjährigen Abteilungsleiters Dechant übernahmen

Die Herren-Mannschaft der Tischtennis-Abteilung 1961: Dechant (Abteilungsleiter), Nerger, Tahedl, Pfister, Petschulat, Umlauf, Grimm, Breunig, Stirm, Schäffler, Siegel, Herzog, Krenzlin, Hillenbrand jun., Hillenbrand sen., Sommerfeld (stellvertretender Abteilungsleiter).

Die Damen-Mannschaft der Tischtennis-Abteilung 1961: Vize-Abteilungsleiter Sommerfeld, Harant (E.), Peter, Oechsner, Riede, Gärtner, Zimmermann, Harant (G.), Link, Schneider, Müller, Abteilungsleiter Dechant, Schweizer.

Ein gemischtes Doppel des Erfolgs: Wolfgang Nerger und Renate Oechsner 1961.

Klaus Umlauf und Herbert Tahedl die zusammen geschrumpfte Gruppe. Im Jahr des 65. Vereinsjubiläums bestand sie noch aus 20 Aktiven und sechs Jugendlichen. Zwei Senioren- und eine Jugendmannschaft nahmen an Rundenspielen teil. Die Erste Senioren-Mannschaft schaffte 1964 den Aufstieg in die Verbandsliga, Wolfgang Nerger belegte in der Kreisausscheidung den zweiten Platz. Die Jugendmannschaft lag nach Abschluss der Vorrunde auf dem zweiten Platz und schaffte in der Rückrunde bei Punktgleichheit mit dem TV Schwetzingen, jedoch mit einem besseren Satzverhältnis, die Staffelmeisterschaft unter zehn Vereinen[3].

In der Saison 1965/66 führten „einige unliebsame Begleiterscheinungen" (so die Vereinsfestschrift von 1966) dazu, dass die 1. Seniorenmannschaft auf dem drittletzten Platz landete. Das bedeutete Relegation gegen den potientiellen zweiten Aufsteiger. Die 2. Mannschaft konnte nach einer guten Vorrunde in der Kreisklasse A ihren 3. bis 4. Tabellenplatz behaupten.

Einer der erfolgreichsten Tischtennis-Spieler der TSG Rheinau jener Zeit war der Pfingstberger Josef Blössl, der 1962 vom FC Germania Friedrichsfeld zur TSG stieß. Der 1926 geborene Blössl war bereits 1952 Süddeutscher und 1953 Badischer Meister (im Doppel) gewesen. 1954 spielte er im Rahmen einer Mannheimer Auswahlmannschaft gegen Belgrad. Mit Spielern wie Nerger, Herzog und Pfister führte Blössl in den sechziger Jahren die bis dahin le-

Die Aktiven der Tischtennis-Abteilung im Jubiläumsjahr 2001: Rudi Philipp, Hans Wipfel, Franz Lendl, ein Gastspieler aus Laos, der Trainer und Franz Fritz Simon, Albert Bischof, Hans Burghardt, Karl Gültlinger, mit 85 Jahren der älteste aktive.

diglich in der C-Klasse spielende Abteilung bald in die höchste Liga, die Bezirksklasse. Da der Mutterverein finanziell klamm war, finanzierten die Spieler in jenen Jahren ihre Bahnfahrten zu den Turnieren aus eigener Tasche und brachten auch die Kohle von zuhause mit, um den Übungsraum heizen zu können. 1964 erhielt Blössl vom Badischen Tischtennisverband die Spielernadel in Silber. Die TSG zeichnete ihn als „punktbesten Spieler" ihrer Tischtennis-Abteilung aus[4].

1970 wurde die Tischtennis-Abteilung aufgelöst und ging damit zunächst den gleichen Weg, den bereits 14 Jahre zuvor die Tischtennis-Abteilung des Sportclubs Pfingstberg-Hochstätt hatte nehmen müssen[5]. Viele Spieler wechselten zu anderen Vereinen; Josef Blössl ging zum TV 98 nach Seckenheim und nach einer schweren Krankheit – zwei By-Pässe hinter sich und ist Dialyse – Ende der neunziger Jahre zur Behindertensportgruppe Brühl[6]; in deren Rahmen errang er zahlreiche Auszeichnungen, zuletzt im Jahr 2001 die Badische Meisterschaft der Behinderten im Herren-Einzel.

1982 wurde die Tischtennis-Abteilung der TSG wieder zu neuem Leben erweckt – jedoch nicht mehr zu Punktspielen, sondern nur noch als Freizeitsport. Der damalige Trainer der Ersten Fußball-Mannschaft, Gerd Grün, war als Tischtennis-Spieler beim MFC 08 Lindenhof aktiv gewesen; als die dortige Tischtennis-Gruppe eine neue Heimat suchte, wechselte sie zur TSG[7]. Mitte der achtziger Jahre umfasste sie unter ihrem damaligen Leiter Willi Jerger bereits wieder 14 aktive Mitglieder[8]. Ältester Aktiver im Jubiläumsjahr ist der 85-jährige Karl Gültlinger. Die im Jubiläumsjahr unter der Leitung von Franz Lendl stehende Abteilung hält ihre Übungsstunden Freitags zwischen 15 und 18 Uhr in der TSG-Turnhalle ab.

Überblick

1890	Erfindung des Celluloid-Balls durch Francis Gibb
1901	Erstes deutsches Tischtennis-Turnier in Berlin
1925	Erste deutsche Tischtennis-Meisterschaft
1926	Erste Tischtennis-Weltmeisterschaft
1950	Gründung der Tischtennis-Abteilung der TSG
1951	Bereits zwei Herren- und zwei Damen-Mannschaften
1962	Josef Blössl stößt zur TSG Rheinau
1964	Aufstieg in die Verbandsliga
1970	Auflösung der Tischtennis-Abteilung
1982	Wiedergründung der Abteilung

Ach ja – in jedem Verein eine stattliche Abteilung: die Abteilung der Ablehner und Drückeberger, also jener, die wenig leisten, aber umso mehr motzen. Hier ein „Gründungsaufruf" aus der Fasnachtszeitung des Vereins von 1929. Da kann man nur hoffen, dass diese Abteilung bald ausstirbt und dann zu jenen früheren Abteilungen gehört, über die auf den kommenden Seiten berichtet wird.

Arb.-Turn- und Sportverein Mannheim-Rheinau

Es haben sich einige Genossen zusammengefunden und beschlossen, eine neue Abteilung im Verein zu gründen und zwar eine Abteilung für

Ablehner und Drückeberger.

Wir laden daher für Sonntag, den 10. Februar, abends 7 Uhr 11 alle Interessenten und Anhänger der neuen Abteilung höfl. zu einer Sitzung, verbunden mit einem Vortrag über

Zweck und Ziel der Abteilung

ein Ein Genosse wird die große Liebenswürdigkeit haben und sich bemühen, den Vorttag folgenden Inhalts zu geben:

1. Wie entledige ich mich jeglicher Aemter und Pflichten im Verein?
2. Wie kritisiere ich am strengsten die Arbeiten der Vereinsleitung und übrigen Funktionäre?
3. Wie mache ich es mir am bequemsten und gemütlichsten bei irgendwelchen Veranstaltungen und sonstigen Anlässen?

Zum Schluß gemeinsamer Gesang:

Es geht nichts über die Gemütlichkeit!

Des interessanten Themas wegen werden alle Anhänger gebeten, sich für diesen Abend frei zu machen Alles wird per Auto abgeholt und wieder nach Hause gebracht. Kein Anstrengen! Kein Bemühen! Selbst Stuhlkissen sind vorhanden

3. Frühere Abteilungen

Nur noch Erinnerung

Handballer des Arbeiter-Turn- und Sportvereins auf dem Bezirksjugendspieltag 1926. Mit dabei unter anderem die Vereinsmitglieder Walter Nagel, Karl Vogel (stehend Dritter von rechts) und Georg Ernst.

Die Handball-Mannschaft als Herbstmeister des Jahres 1949. stehend: der Trainer, Pister, Kohl, Seibert, Tirek, Geiss, Weibel, Schläger (Th.), Schläger (G.); kniend: Lipponer, Arnold (W.), Heiland, Arnold (E.).

Die Handball-Abteilung

Der Handballsport war in Deutschland in den zwanziger Jahren populär geworden – damals wohl gemerkt noch als Feldhandball im Freien. Überall in Deutschland schossen in jenen Jahren entsprechende Vereine oder Abteilungen aus dem Boden. In Rheinau war es der Turnverein 1893, der in dieser Sportart führend wurde: Bereits 1921 rief er seine Handball-Abteilung ins Leben, die vor allem aus ehemaligen Turnern bestand.

Im gleichen Jahr gründete auch der Arbeiter-Turn- und Sportverein eine – wie sie offiziell hieß – „Turnspielsparte", aus der die Handball-Abteilung hervorging. Schnell wurde sie eine der besten Handball-Mannschaften in ganz Süddeutschland, die es jeweils bis in die Liga-Endspiele schaffte, auf Grund unglücklicher Umstände jedoch nie den Meistertitel erreichte[1]. Spieler jener Zeit waren unter anderem Georg Ernst, Ludwig Gärtner, Walter Nagel und Karl Vogel. Mit dem Verbot der TSG endete zunächst die Erfolgsgeschichte des Handballs in diesem Verein; beim FC Alemannia, in den viele Jugendliche und aktive Sportler 1933 über wechselten, wurde – wie der Namen dieses Vereins schon aussagte – kein Handball, sondern nur Fußball gespielt.

Nach Kriegsende wurde innerhalb des neuen Fusionsvereins „SG" erneut eine Handball-Mannschaft begründet, die unter ihrem damaligen Abteilungsleiter Karl Maas zunächst an ihre früheren Erfolge anknüpfen konnte[2]. Nach Wiedergründung der TSG 1950 übernahm Gustav Schläger die Leitung der Handball-Abteilung und führte sie zu einigen sportlichen Erfolgen. Noch im gleichen Jahr errang sie beispielsweise die Herbstmeisterschaft und den Aufstieg in die nächst höhere Klasse. Auch abseits des Spielfeldes zeichneten sich die Handballer durch einen vorbildlichen Gemeinschaftsgeist aus und für zahlreiche gesellige Veranstaltungen verantwortlich. Im Spieljahr 1953/54 erreichte die Mannschaft erneut die Meisterschaft und entwickelte sich zum „Pokalschreck der Großen"[3].

In den sechziger Jahren konnte davon

Gustav Schläger

Die erste und zweite Mannschaft der Handballer Anfang der fünfziger Jahre mit Betreuer Gustav Schläger (links), Trainer Robert Morasch (Zweiter von links) sowie den Betreuern Hans Trinkaus (Dritter von rechts), Philipp Transier (Zweiter von rechts) und Max Weber (rechts).

keine Rede mehr sein. Besonders der Nachwuchs blieb aus. Wie ein Jahrzehnt zuvor bereits der SC Pfingstberg-Hochstätt, so musste auch die TSG Anfang der siebziger Jahre ihre Handball-Abteilung auflösen. Überzeugte Handballer wechselten teilweise zum Turnverein 1893 Rheinau. Aber auch dieser konnte seine Handball-Abteilung in den neunziger Jahren nur dadurch aufrecht erhalten, dass er eine Kooperation mit der HSG Seckenheim einging.

Überblick

1921 Gründung der Handball-Abteilung
1933 Verbot der TSG, Handball wird nicht mehr gespielt
1945 Neugründung der Handball-Abteilung unter Karl Maas
1950 Gustav Schläger Abteilungsleiter
1950 Herbstmeisterschaft und Aufstieg
1954 Erneute Meisterschaft
1970 Auflösung der Abteilung

Die Box-Abteilung

Historische Entwicklung des Box-Sports

Die Geschichte des Faustkampfes reicht zurück bis in die Antike. Bereits in Homers „Ilias" wurden Boxkämpfe geschildert. Im Alten Griechenland kämpfte man mit bloßen oder bestenfalls bandagierten Händen. Im Jahr 688 vor Christus wurde der Zweikampf mit den Fäusten Bestandteil der antiken Olympischen Spiele. In Rom waren Boxkämpfe Teil der Gladiatorenkämpfe, wobei an den Faust-Bandagen Bleistücke oder krallenartige Haken befestigt waren. Kaiser Theodosius jedoch verbot diese Kämpfe Ende des 4. Jahrhunderts nach Christus.

Das moderne Boxen hatte wie so viele Sportarten seinen Ursprung in England. 1719 eröffnete der ehemalige Fechtlehrer James Figg (1684-1734) in London die erste Boxschule der Welt. John Broughton (1704-1789) erarbeitete 1743 das erste Regelwerk mit Vorschriften, die zum Teil noch heute gelten, etwa jener, dass ein auf dem Boden liegender Gegner nicht mehr geschlagen werden darf. 150 Jahre wurde fortan übrigens mit bloßen Fäusten geboxt, erst Ende des 19. Jahrhunderts wurden Boxhandschuhe eingeführt. Die letzte Meisterschaft, die noch mit bloßen Händen ausgetragen wurde, fand 1889 im Schwergewicht zwischen den Amerikanern John Sullivan und Jake Kilrain statt. Sullivan gewann; als er 1892 erneut antrat, diesmal mit Handschuhen, verlor er übrigens.

Amerika war um die Jahrhundertwende die Hochburg des Boxsports. Geboxt wurde in großen Arenen, und zwar um Geld. Die frühe Verknüpfung mit dem Kommerz und zuweilen auch in die Halbwelt prägten neben der Brutalität von Anfang das Image dieser Sportart. In Deutschland blieb das Boxen deshalb bis 1908 verboten. Erst 1920 wurde es olympische Disziplin. Den endgültigen Durchbruch in Deutschland brachte die Person von Max Schmeling, der am 19. Juni 1936 in New York den legendären k.o.-Sieg über Joe Louis landete. Nach dem Zweiten Weltkrieg wurde der Berliner Gustav „Bubi" Scholz zum Box-Idol der Deutschen, konnte allerdings nie einen Weltmeistertitel erringen.

Einen deutlichen Schub wie in den achtziger Jahren beim Tennis durch Boris Becker oder in den neunziger Jahren in der Formel 1 durch Michael Schuhmacher brachte für das Boxen in Deutschland 1960 ein schwarzer Amerikaner: Cassius Clay, der sich nach seinem Übertritt zum Islam Muhammad Ali nannte, feierte bei den Olym-

Die Boxer des TSV Neckarau Ende der fünfziger Jahre kurz vor ihrem geschlossenen Übertritt zur TSG Rheinau. Rechts jeweils Trainer Rolf Knoblauch.

pischen Spielen in Rom den Gewinn der Goldmedaille. Es war der Beginn einer Karriere, die mit dem legendären Kampf gegen George Foreman 1974 in Kinshasa ihren Höhepunkt erreichte. Millionen von Menschen in aller Welt schlugen sich die Nächte um die Ohren, um den „King" Boxen zu sehen.

Gründung der Box-Abteilung der TSG

Der Mannheimer Süden hatte schon immer erfolgreiche Boxer hervor gebracht, so etwa in den dreißiger Jahren Otto Sulz, nach dem Zweiten Weltkrieg die Profis „Jule" Schmidt und „Mingo" Münch sowie den Amateur Wolfgang Bordt, der Deutscher Vizemeister wurde[1]. Zum Doyen des Amateur-Boxsports im Mannheimer Süden nach dem Kriege wurde Adolf Mühlum. 1928 begann er seine Laufbahn beim VfL Neckarau, wurde 1938 Badischer Meister im Weltergewicht und im folgenden Jahr Vizemeister bei den Boxmeisterschaften der Deutschen Wehrmacht in dieser Klasse. Eine im Krieg erlittene Verwundung am Arm beendete seine aktive Laufbahn. Nach dem Kriege wurde Mühlum Trainer der Box-Abteilung des TSV Neckarau[2].

Eines jener Talente, die Mühlums Trainerarbeit hervor brachte, war Rolf Knoblauch[3]. Geboren 1932, war Knoblauch seit seinem 21. Lebensjahr, also seit 1953, im Boxen aktiv, nachdem er zuvor als Ringer tätig war („Doch das Getatsche dort war nicht meine Sache", begründete er seinen Wechsel). 1957 wurde Knoblauch Badischer Meister.

1960 jedoch geriet die seit zehn Jahren bestehende Box-Abteilung des TSV Neckarau in eine Krise. Der Mutterverein musste wegen des Neubaus der B 36 seine angestammte Anlage entlang der Casterfeldstraße räumen. Vielen Mitgliedern, unter anderem den Aktiven der Box-Abteilung, war der Weg zur neuen Anlage im Neckarauer Aufeld zu weit, wohnten sie doch in Rheinau. So wechselte die Box-Abteilung des TSV Neckarau mit Mühlum und Knoblauch an der Spitze, zusammen immerhin an die 25 Mann, geschlossen zur TSG Rheinau[4]. Erster Gegner der neuen Abteilung im Ring war der Box-Club Heilbronn.

Boxen – nichts für schwache Nerven. Hier der Kampf von Rolf Knoblauch (r.), Mitbegründer der Box-Abteilung der TSG Rheinau, gegen den bekannten Boxer Adolf Brandenburger.

Der "Box-Papst" des Mannheimer Südens, Adolf Mühlum (r.), hier während einer Feier der Box-Abteilung der TSG Anfang der sechziger Jahre mit dem Rheinauer Boxer Alfani.

Spannende Kämpfe im Rheinauer Boxring
Kampfgemeinschaft KSV 84/TSG besiegte SV Prag Stuttgart mit 12:8 Punkten

Boxen in Rheinau hoch im Kurs
Kombinierte Staffel schlug auch die Böblinger Mannschaft überlegen 15:

Borussia Fulda beim Vergleichskampf ohne Chance:

Überraschend klar für Rheinaus Boxer
Fünf der neun Kämpfe vorzeitig beendet / Endstand 16:2

Boxgroßkampf in Rheinau
KSV 84/TSG Rheinau gegen Prag Stuttgart

Vielversprechendes Debut:

Kombination KSV/Rheinau gewann 18:2
Mannheimer Boxstaffel gegen VfR Aalen ohne schwachen Punkt

Die TSG-Rheinau berichtet
Glänzender Erfolg der Boxabteilung in Linkenheim

Knoblauch und Pazinski beste Boxer
Staffel des KSV 84 in Hanau 11:5 geschlagen

Neuer Sieg für KSV 84/TSG
Kellers Gegner gab auf
Boxen in Rheinauer Sporthalle / 11:5 für Gastgeber

Die Boxer der TSG – eine Abteilung, die Schlagzeilen machte.

Erfolgreiche Rheinauer Boxer in der TSG-Halle: Ferdinand Speidel (stehend links), Peter Reich (stehend Zweiter von links), Berthold Jakoby (stehend Dritter von links), Rudi Gehrig (kniend links).

Sonntagmorgentraining der TSG-Boxer in den sechziger Jahren

Blütezeit Mitte der sechziger Jahre

Dank intensiver Trainingsarbeit durch Rolf Knoblauch war bald eine kampfstarke Mannschaft geformt, die durch regelmäßige Kämpfe auch an Ring-Erfahrung gewann. Erfolgreichster Aktiver der Anfangsjahre war Peter Reich. Der Neckarauer, Jahrgang 1944, war seit seinem 18. Lebensjahr Polizeibeamter; im jetzigen Jubiläumsjahr ist er übrigens Präsident des Landeskriminalamtes Sachsen[5]. 1962 wurde er im Rahmen der TSG Badischer Juniorenmeister im Schwergewicht sowie Süddeutscher Meister. Zweiter herausragender Boxer war Berthold Jakoby, der 1964 die Badische Meisterschaft im Bantam-Gewicht erreichte. Der erfolgreichste TSG-Boxer späterer Jahre war Willi Schneider. Er bestritt bis 1966 93 Kämpfe und erreichte dabei 77 Siege, sechs Unentschieden und nur zehn Niederlagen. Bis 1971 hatte er es auf 200 Kämpfe mit einer ähnlichen Relation an Erfolgen gebracht[6]. Sein größter Einzelerfolg war der Gewinn der Deutschen Vizemeisterschaft der Junioren. Weitere erfolgreiche Boxer der TSG waren Alfani, Groiss, Heid, Jehn, Krumrey, Speidel und Willoweit[7].

In ihren Glanzzeiten umfasste die Box-Abteilung der TSG, die von Adolf Mühlum (Abteilungsleiter), Leo Gottmann (Stellvertreter), Hanns Schmitt (Technischer Leiter) und Rolf Knoblauch (Trainer) repräsentiert wurde, 80 Mitglieder. Trainiert wurde Dienstags, Freitags und Sonntags, Samstags fanden die Box-Kämpfe statt, etwa zehn bis 15 pro Jahr. Wenn geboxt wurde, war die Turnhalle am Heuweg gerammelt voll; 300 bis 400 Zuschauer waren in den Hoch-Zeiten keine Seltenheit[8]. Die Box-Kämpfe waren von der Zuschauerzahl her eine der größten Veranstaltungen der TSG in jenen Jahren. Eine intensive Presseberichterstattung trug den Namen des Vereins und auch des Stadtteils weit über die Grenzen Mannheims hinaus; denn während die Fußballer zu jener Zeit in ihrer Liga nur in der näheren Umgebung spielten, kämpften die Boxer in ganz Deutschland.

Berufliche und private Probleme der Aktiven ließ ihre Zahl jedoch Mitte der sechziger Jahre zurück gehen. Um den Boxsport auf der Rheinau überhaupt weiter aufrecht erhalten zu können, bildete die TSG 1964 mit dem KSV 1884 Mannheim eine Kampfgemeinschaft. Die Besten jedes der beiden Vereine wurden kombiniert, und dieses Rezept erwies sich zunächst als erfolgreich. Im Team waren beide unschlagbar: Kein einziger Kampf ging in den folgenden Jahren verloren. Das begann bereits mit der Premiere gegen den VfR Aalen im September 1964; die Württemberger galten als eine der besten Mannschaften im Landesverband. Gleichwohl

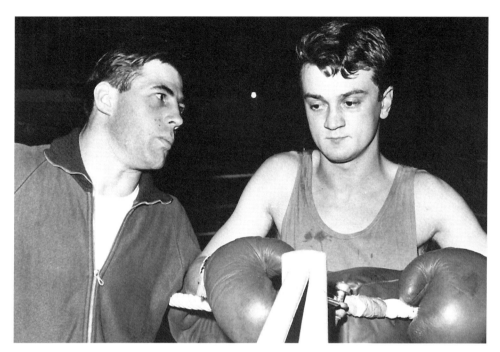

TSG-Box-Trainer Rolf Knoblauch mit einem seiner besten "Pferde im Stall": Berthold Jakoby, 1964 Badischer Meister im Bantam-Gewicht.

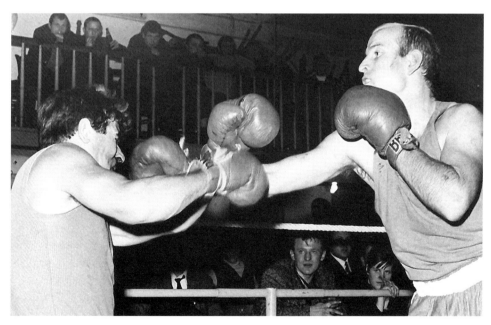

Die Box-Kämpfe waren Zuschauer-Sensationen auf der Rheinau: Der TSG-Saal und seine Kolonnaden waren dicht besetzt, wenn Rheinauer Boxer wie hier Horst Willoweit (r.) in den Ring stiegen.

wurden sie an jenem Samstagabend in der TSG-Halle mit 18:2 geradezu deklassiert. Der „Mannheimer Morgen" titelte denn auch die Schlagzeile: *„Sensation im Ring: VfR Aalen 18:2 geschlagen. Die Kombination KSV 84/TSG Rheinau hatte einen vielversprechenden Start*[9]*".* Am 24. April 1965 wagten sich die Mannheimer sogar an Prag Stuttgart, den amtierenden deutschen Mannschaftsmeister. Auf Seiten der TSG kämpften in diesen Jahren Alfani, Groiss, Jakoby, Jehn, Krumrey, Schneider (Badischer Vizemeister von 1963), Speidel, Willoweit sowie der Amerikaner Clark Everitt, von Seiten des KSV Berlinghof, Cernotzki, Keller (Badischer Meister 1964), Padzinski (dreifacher Badischer Meister), Rosenthal und Weissenberger[10]. In der zweiten Hälfte der sechziger Jahre galt diese Staffel als eine der Besten im gesamten süddeutschen Raum.

Krise in den siebziger Jahren

Ende der sechziger Jahre kam es jedoch zu einer erneuten Krise. Verantwortlich war das allgemein zurück gehende Interesse der Jugendlichen am Boxsport, unmittelbarer Anlass die heftige öffentliche Diskussion über den Tod des Mittelgewichts-Meisters Jupp Elze im Ring. Der „Mannheimer Morgen" analysierte damals: *„Der Tod von Jupp Elze hat dem Boxsport schwer geschadet. Aber nicht nur Jupp Elze, sondern auch der allgemeine Wohlstand unseres Volkes halten immer mehr Jugendliche davon ab, den edlen Kampf mit der Faust zu erlernen und auszuüben. Dadurch hat nicht nur die TSG Rheinau, sondern fast jeder boxsporttreibende Verein Nachwuchssorgen. Die vier Mannheimer Vereine SV Waldhof, VfR Mannheim, KSV 84 und TSG Rheinau versuchen der augenblicklichen Misere zu begegnen, indem sie sich zu einer Kampfgemeinschaft zusammengeschlossen haben, um die Stagnation zu überwinden. Das ist natürlich kein Idealzustand, und die Box-Abteilung der TSG Rheinau strebt an, durch gezieltes Ansprechen der Jugendlichen in der Presse Boxbegeisterte zu finden, die diesen edlen Sport ausüben wollen. Der Süden Mannheims hat schon immer gute Faustkämpfer hervorgebarcht. An Boxtalenten hat es in unserem Raum noch nie gefehlt. Was fehlt, ist die richtige Einstellung unserer Jugend zum Boxsport. Die Box-Abteilung der TSG glaubt aber, dass es im Süden Mannheims genug junge Leute gibt, die den Boxsport ausüben wollen. Unter der bewährten Leitung des Trainers Rolf Knoblauch wächst vielleicht in den nächsten Jahren der Olympiasieger von 1972 heran*[11]*."*

Die Kampfgemeinschaft TSG Rheinau/KSV 84 Mannheim war in der zweiten Hälfte der sechziger Jahre unschlagbar. Hier eine Aufstellung beim Kampf gegen Schifferstadt. Zweiter von links Rudi Gehrig (TSG), Fünfter von rechts Hipp vom KSV.

Als das Verhältnis zwischen Gesamtverein und Box-Abteilung noch ungetrübt war: Weihnachtsfeier 1964. am hinteren Ende des Tisches stehend Schatzmeister Karl Vogel, rechts von ihm Vereinschef Rudi Kindermann, rechts von Kindermann Box-Trainer Rolf Knoblauch, links von Vogel Box-Abteilungsleiter Adolf Mühlum.

Der Optimismus des journalistischen Beobachters jedoch trog. Zum 75. Jubiläum des Gesamtvereins 1976 dümpelte die Abteilung weiter dahin; in der damaligen Festschrift hieß es: *„Unserer Box-Abteilung fehlt es an Nachwuchs ."*[12] Vereinsinterne Querelen kamen hinzu. Zum konkreten Anlass der Auseinandersetzung wurde die Frage, ob der Vereinssaal freitags von der Traditions-Fußballmannschaft „Grüne Jäger" oder wie bis dahin von den Boxern genutzt werden dürfe[13]. Im Kern ging es jedoch um den Stellenwert des Box-Sports in diesem Fußballverein. Rolf Knoblauch, der die Leitung der Abteilung übernommen hatte, als Adolf Mühlum Anfang der siebziger Jahre für kurze Zeit den Vorsitz des Gesamtvereins innehatte, verließ mit zahlreichen Aktiven die TSG und wechselte nach Ketsch, wo er heute noch aktiv ist. Nur noch wenige Boxer der TSG nahmen an Meisterschaften teil, so etwa der Amerikaner Ree, der in den achtziger Jahren immerhin noch Badischer Meister wurde[14]. 1985, just im 25. Jahr ihres Bestehens, wurde die bereits ausgezehrte Box-Abteilung der TSG vom Vorstand des Gesamtvereins abgemeldet.

Der durch Henry Maske in den neunziger Jahren ausgelöste Boom im deutschen Boxsport kam für die TSG zu spät.

Überblick

1719	Erste Boxschule der Welt in England
1908	Aufhebung des Box-Verbots in Deutschland
1920	Boxen olympische Disziplin
1936	Legendärer Sieg Max Schmelings über Joe Louis
1937	Goldmedaille für Cassius Clay bei der Olympiade in Rom
1960	Gründung der Box-Abteilung der TSG Rheinau
1961	Peter Reich Süddeutscher Meister
1962	Berthold Jakoby Badischer Meister im Bantam-Gewicht
1963	Teamgemeinschaft mit dem KSV 1884 Mannheim
1985	Abmeldung der Mannschaft

Die Dritte Mannschaft

Auf Anregung von Hans Eisele und Roland Meder gründete sich 1968 eine Dritte Mannschaft und nahm an den Verbandsspielen der Privatmannschaften der C-Klasse teil. Auf Anhieb konnte sie im Spieljahr 1968/69 die Meisterschaft ihrer Klasse erringen. Die Mannschaft bestand bis 1981, danach wechselten viele in die AH. Hans Eisele hat aus seiner Erinnerung notiert, wer in diesen 13 Jahren in ihren Reihen aktiv war[1]. Hier die Namen:

Bruno Alfani, Dieter Augstein, Norbert Barczak, Karl Baumbusch, Jürgen Bonk, Otmar Brenner, Angel Caballero, Hans Denk, Siegbert Doll, Werner Dotterer, Roland Dressel, Hans Eisele, Karl Eisele, Rolf Fischer, Arnold Fuchs, Bernd Galm, Eduard Geisler, Rudi Gerbert, Manfred Germies, Josef Gerteis, Peter Gerteis, Edmund Gordt, Jakob Hammann, Ralf Happe, Willi Hauser, Dieter Hess, Dieter Hick, Jürgen Ihrig, Werner Jakoby (Kapitän), Egon Karcz, Rainer Kassube, Klaus Kesel, Roland Klotz, Jürgen Krüger, Andreas Krupp, Heinz Laubenbacher, Gerd Link, Klaus Mackert, Roland Meder, Klaus-Dieter Möckel, Hermann Mölbert, Karl Mückenmüller, Norbert Oppek, Otto Pelzel, Fritz Pfister, Hans-Günter Quasdorf, Günter Räpple, Hans Rausch, Siegfried Remark, Egidio Roselli, Helmut Rust, Anton Saletinger, Werner Schilling, Rüdiger Schlüßler, Nikolaus Schmidt, Werner Schöll, Norbert Schreck, Holger Schreiber, Heinrich Senger, Klaus-Dieter Steinmann, Hermann Storz, Michael Twardy, Dieter Vesper, Otto Wallner, Manfred Weidner, Roland Wickles, Albert Widmayer, Wolfgang Widmayer, Norman Wolf, Ludwig Zenger.

Pfingstausflug 1973

4. Das Leben des Vereins

Jenseits der Tabellen

Das Vereinsheim der TSG in den zwanziger Jahren. Das Datum des Bildes ist nicht bekannt. Es ist jedoch möglich, dass es sich um eine Aufnahme handelt, die zum Abschluss der Errichtung des Gebäudes 1923 gemacht wurde. Bei den Personen würde es sich dann um diejenigen Vereinsmitglieder handeln, die beim Bau geholfen haben.

Das Innere des Vereins-Saales. Die Honoratioren des Vereins posieren vor den Turngeräten; auf dem Deckenbalken prangt das Motto der Arbeitersportbewegung „Frei Heil".

Die Anlage

Die TSG Rheinau ist einer von nur ganz wenigen Sportvereinen in Mannheim, die auf eigenem Grund und Boden agiert. Der Verein verfügt über ein Gelände von insgesamt über 14.000 Quadratmetern[1]. Das verleiht ihm finanzielle Unabhängigkeit, bedeutet aber auch eine ständige finanzielle Belastung für Instandhaltung und Modernisierung.

Der Erwerb der Vereinsanlage

Zu Beginn ihrer Vereinsgeschichte verfügte die TSG noch über kein eigenes Gelände. Als erstes Vereinslokal fungierte die Gastwirtschaft „Prinz Karl" (die späteren „Eichbaum-Stuben" neben dem Roxy-Kino in der Relaisstraße 169); hier hatte am 22. September 1901 die Gründung des Vereins stattgefunden, hier fanden zunächst auch sämtliche Sitzungen und Versammlungen statt. Wo der Ort des Turnbetriebes war, der an den Wochenenden angeboten wurde, ist nicht überliefert. Das Fehlen eines eigenes Platzes erwies sich auch als größter Wettbewerbsnachteil der 1912 gegründeten Fußball-Abteilung gegenüber den anderen Fußballvereinen im Mannheimer Süden, besonders in Neckarau[2].

Irgendwann nach dem Ersten Weltkrieg jedoch muss der Verein auf seinem heutigen Gelände, das damals noch die Adresse Heuweg 8-10 trug, eine Baracke aufgestellt haben, die legendäre „Hütte". Auf Grund des Anwachsens des Vereins auf 600 Mitglieder reichte sie bald nicht mehr aus[3]. Die Mitglieder drängten auf größere Räumlichkeiten. Der Vorstand unter Victor Schläger entschloss sich 1923, eine leer stehende, ehemalige Reithalle in Käfertal oder Sandhofen – die Angaben gehen auseinander – zu erwerben und am Heuweg Stein für Stein wieder aufzubauen. Unter großen Opfern an Zeit und Geld der Mitglieder sowie mit Unterstützung einiger Rheinauer Geschäfte und Firmen konnte das Gebäude samt Bühne und zweier Kolonnaden aufgestellt werden[4]. Schnell wurde dieses Vereinsheim, die „Turnhalle", zum Herzstück des Vereinslebens, und das nicht nur mit sportlichen, sondern auch mit kulturellen Veranstaltungen.

Außerdem erwarb der Verein in jener Zeit von den Seckenheimer

Das Freigelände des Vereinshauses in den zwanziger Jahren: Die legendären Kastanien sind gerade gepflanzt.

Der Vereins-Saal in den zwanziger Jahren bestuhlt – ideal für die Aufführungen der vereinseigenen Theatergruppe.

Bauern sukzessive weitere Grundstücke, so dass gegen Ende der zwanziger Jahre der Großteil der Platzanlage in seinem Eigentum war. Der alte Platzwart Valentin Weber pflanzte 1925 jene Kastanien, die Mitgliedern und Besuchern noch Jahrzehnte später Schatten spenden sollten[5]. Sein Sohn und Nachfolger Max Weber kümmerte sich späterhin um sie.

Nach der Machtergreifung durch die Nationalsozialisten 1933 wurde das Vermögen und damit auch diese Vereinsanlage beschlagnahmt. Genutzt wurde sie übrigens nicht vom FC Alemannia, in den die meisten Jugendlichen und viele der aktiven Sportler überwechselten; diese hatte ihren eigenen Platz nahe der Braunkohle im Rheinauhafen[6]. Laut Hörensagen soll die Anlage des verbotenen Arbeiter-Turn- und Sportvereins während des Dritten Reiches von der SA für Übungen genutzt und sogar in Adolf-Hitler-Platz umbenannt worden sein.

Nach dem Kriege beschlagnahmten und nutzten zunächst die Amerikaner das Vereinshaus[7]; der Verein bekam es also nicht sofort, sondern erst nach seiner Wiedergründung als Arbeiter-Turn- und Sportverein zurück. Diese Wiedergründung war die Bedingung der Behörden für die Rückgabe und Entschädigung. Die Erfüllung dieser Bedingung führte zur Auflösung des Großvereins SG. 1949 erhielt der Verein das Gelände zurück sowie eine Wiedergutmachung in Höhe von 17.000 Mark. Der damalige Vorstand unter Willi Kramer investierte das Geld in die Instandsetzung der Turnhalle und der Gaststätte sowie des Spielfeldes. Mit Gründung der TSG 1950 wurde ein in eigener Regie betriebener Wirtschaftsbetrieb eingerichtet[8] (siehe eigenes Kapitel „Die Gaststätte").

Ausbau und Instandhaltung

Unter dem Vorsitzenden Herbert Dechant Mitte der fünfziger Jahre erhielt der Sportplatz eine Umfassungsmauer und Zuschauerränge. Turnhalle und Gaststätte wurden renoviert sowie ein Kühlhaus eingebaut. Für den Vorsitzenden Boris Bockelmann ab 1958 stellte der Ausbau und die Erneuerung von Vereinshaus und Platzanlage ebenfalls einen Schwerpunkt seiner Arbeit dar[9]. Anfang der sechziger Jahre kam eine Flutlichtanlage hinzu, dank derer fortan zu allen Jahreszeiten trainiert werden konnte. Der Saal erhielt eine neue Holzverkleidung und modernere Fenster, die Gaststätte eine neue Decke und neue Lampen, der Weg und die Terrasse der Gartenwirtschaft wurden mit Platten ausgelegt[10].

Das Vereinsgelände in den fünfziger Jahren – die Kastanien sind mittlerweile mächtig gewachsen.

Der Vereins-Saal in den fünfziger Jahren eingedeckt – ideal für große stilvolle Feiern.

1968 zog im Vereinshaus frischer Wind ein. Zum einen wurde der Saal frisch renoviert, zum Anderen änderte sich der Namen der Gaststätte: Statt des Traditionsnamens „Zur Turnhalle" trug sie nun die schlichte Bezeichnung „Gaststätte TSG Rheinau"[11].

1970 wurde ein Faustballspielfeld und ein Kinderspielplatz angelegt. 1972 errichteten die Mitglieder der AH vollständig in eigener Regie in einer Baulücke einen Umkleide- und Baderaum. In den Jahren 1974 bis 1976 wurden die Umkleidekabinen umgebaut und vergrößert, das Bad mit Boden- und Wandplatten versehen, eine Brunnenanlage zur Berieselung des Spielfeldes installiert, die acht Masten der Flutlichtanlage mit einem Rostschutzanstrich versehen und der Sportplatz mit einer neuen Decke beschichtet. Dies verursachte Kosten von an die 90.000 Mark[12]. Die Bauarbeiten an der Anlage standen in den siebziger Jahren zumeist unter der Leitung von Harald Kopper. 1974 bekam die Anlage auch eine neue Adresse: Auf Grund der Bebauung musste die vorbei führende Straße neu durchnummeriert werden, und so wurde aus dem Heuweg 8-10 der Rheinauer Ring 99.

Ein „Untermieter" im Vereinshaus[13]

Die Vereinsanlage der TSG wurde in den neunziger Jahren außerdem Ort einer bisher einmaligen Kooperation von Vereinen unterschiedlicher Tätigkeitsfelder. Ende 1993 musste der Männergesangverein 1896 Rheinau sein Vereinslokal „Zum Rheinauhafen" verlassen, mit dem er seit 1922 verbunden war. Der neue Besitzer Claudio Mucciolo, ausgerechnet ein Verwandter des in der TSG groß gewordenen Bundesliga-Stars Maurizio Gaudino, hatte es im November 1993 zu einem italienischen Ristorante umgebaut; ein Nebenzimmer als solches sollte es fortan nicht mehr geben, der Raum vielmehr ständig eingedeckt sein; für Klavier sowie Pokal- und Notenschränke, so beschied der neue Wirt im Januar 1994, sei kein Platz mehr.

Auf der Suche nach einem neuen Standort wandten sich die Sänger hilfesuchend an die TSG. Seit Jahrzehnten verband die beiden Vereine eine enge Freundschaft. MGV-Ehrenmitglied Gustl Stöckler war in den fünfziger Jahren für die TSG-Traditionsmannschaft „Grüne Jäger" engagiert, MGV-Vizedirigent Walter Morath Ende der sechziger Jahre Wirt der Vereins-Gaststätte, MGV-Vorstandsmitglied Günter Friedrichs in den siebziger Jahren Schriftführer bei der TSG. Und der amtierende TSG-Chef Peter Klug war seit 1980 Mitglied

Bau des Vereinsraums der Sänger 1994: Alte Mauern werden eingerissen ...

... und neue errichtet, so dass die nutzbare Fläche größer wird.

des MGV und aktiver Sänger. In ihrer Mitgliederversammlung im März 1994 stimmten die TSG-Mitglieder daher dem Antrag der Sänger zu, einen Raum ihres Vereinsheims umzubauen und per vertraglich abgesichertem Dauer-Nutzungsrecht den Sängern zu übergeben – eine „Ehe von Kultur und Sport", wie der damalige MGV-Vorsitzende Dieter Schmidt bei der späteren Einweihung formulierte.

Architekt Helmut Duschl, der sich in Rheinau bereits mit Bauten für die Rudergesellschaft und den Turnverein einen Namen gemacht hatte, konnte dafür gewonnen werden, zu günstigen Konditionen die Planung zu übernehmen. Am 6. Juni 1994 begannen die Arbeiten. Eine neue Außenwand wurde gemauert, das bisherige Dach abgerissen. Im Oktober 1994 konnte der neue Raum feierlich eingeweiht werden. „Wir haben auch Raumprobleme", lobte damals Winfried Rahm, der Vorsitzende des mit dem MGV befreundeten Gesangvereins Neuhermsheim, „aber ein solches Projekt hätten wir uns nie getraut und nicht geschafft". Doch auch für die Rheinauer Sänger war das Projekt kein Zuckerschlecken. Ursprünglich hatten sie noch mit 10.000 Mark Baukosten gerechnet. Doch es wurden mehr. Um das Geld zusammen zu bringen, starteten sie den Verkauf so genannter Baustein-Zertifikate im Wert von 10 Mark pro Stück. Jürgen Ruf war unschlagbar darin, sie an den Mann und die Frau zu bringen. Harald Hipp ging bei Firmen auf seine gewohnt erfolgreiche Betteltour.

Von da ab hielten der Männer- und der Frauenchor hier ihre Singstunden ab. Doch nicht nur sie: Auch der Shanty-Chor Mannheim, der Skatclub Rheinau und die Naturfreunde haben im Vereinsheim der TSG ihr Domizil.

Der Vereinsraum der Sänger war nicht die einzige Baumaßnahme der neunziger Jahre. 1994[7] wurden neue Umkleideräume und Duschen, ein Schiedsrichterzimmer und ein Geräteraum errichtet, 1998 die Fernwärmeleitung verlegt, die die bisherige Öl- und Flüssiggasheizung ablöste – auch dies wohlgemerkt alles in Eigenarbeit; lediglich die Installation der Versorgungsrohre wurde durch eine Fachfirma abgewickelt. Im Jubiläumsjahr folgte die neue Umzäunung des gesamten Geländes.

Projekt „Neubau Umkleideräume"

Umfang der Baumaßnahme:
Errichtung von Umkleideräumen und Duschen sowie Damen- und Herrentoilette, eines Schiedsrichterraums mit Dusche und eines Geräteraums für Platzgeräte und Werkzeuge.

Datum der Ausführung: 1994
Bauplan und Arbeitsleitung: Herbert Holzhause
Sanitär-Installation: Martin Klug
Elektrik: Manfred Eicke

... sowie viele, die unzählige Stunden ihrer Freizeit opferten, um den Mangel an Umkleidemöglichkeiten zu beheben. Vorbei die Zeiten, in denen sich die Mannschaften auf der Kolonnade im Saal umziehen mussten.

Impressionen vom Bau der Dusch- und Umkleideräume 1994, sämtlich in Eigenarbeit bewerkstelligt.

So sah der Eingangsbereich des Vereinshauses nahezu 70 Jahre lang aus.

So wurde der Eingangsbereich 1995 umgestaltet – hell, großzügig, elegant.

Im Überblick

1901   „Prinz Karl" ist Vereinslokal
1923   Errichtung der Turnhalle
1924   Pflanzung der legendären Kastanienbäume
1933   Beschlagnahme der Anlage durch die Nationalsozialisten
1949   Rückgabe der Anlage
1950   Wirtschaftsbetrieb in eigener Regie
1964   Bau der Flutlichtanlage und Renovierung des Hauses
1968   Neuer Name der Gaststätte: „TSG" statt „Turnhalle"
1969   Bau des Faustballspielfeldes und des Kinderspielplatzes
1974   Neue Adresse der Anlage: Rheinauer Ring 99 statt Heuweg 8-10
1994   Einweihung des Vereinsraums der Sänger
1994   Bau der Umkleideräume und Duschen
1998   Verlegung der Fernwärmeleitung
2001   Neue Umzäunung des Geländes

Im Jubiläumsjahr wird nicht nur gefeiert: In Eigenarbeit wird das gesamte Gelände neu eingezäunt.

Die Vereins-Gaststätte in den zwanziger Jahren. Von links: Hermann Körner, Karl Knecht, Friedel Quell, Peter Quell, Anton Furtwängler, Adolf Heck, Fritz Flamm.

Der Schankraum mit Theke Ende der fünfziger Jahre.

Die Gaststätte

Kommerzielle Pächter auf Vereins-Gaststätten, wie wir sie heute kennen, sind eine Erscheinung der Zeit nach dem Zweiten Weltkrieg. In der Vorkriegszeit hatten den Ausschank im Vereinslokal großteils ehrenamtliche, dafür speziell bestimmte Mitglieder inne. Die betriebswirtschaftliche Abwicklung, die es dennoch gab, lag in den Händen eines so genannten „Wirtschaftskassiers", der innerhalb des Vorstands nach dem ersten und zweiten Vorsitzenden sowie dem Hauptkassier immerhin Rang vier einnahm; in den zwanziger Jahren hatte dieses Amt ein gewisser Albert Berlinghof inne[1]. Seine Getränke zum Ausschank im Vereinsheim bezog der Verein bei der Brauerei Durlacher und der Weingroßhandlung Georg Hauck aus Altrip; in der Festschrift zum 25. Jubiläum 1926 befanden sich Inserate der beiden Firmen[2].

Die Festschrift zum 50-jährigen Bestehen 1951 verwies in einem Inserat des Vereins bereits auf „prima Speisen und Getränke bei volkstümlichen Preisen", es fehlte jedoch weiterhin das Wort „Gaststätte" oder gar der Name eines Wirtes[3]. Grund: Vorsitzender Adolf Lier selbst führte die Wirtschaft. Allerdings befinden sich in dieser Festschrift Inserate der Eichbaum-Brauerei und der Weinkellerei Adolf Wilhelm Maikammer/Neustadt[4], die zu dieser Zeit wohl Lieferanten des Vereinsheims gewesen waren.

Ende der fünfziger Jahre saß die Familie Schirmer auf der Gaststätte „Zur Turnhalle", von der sie sogar richtige Werbepostkarten herstellen ließ. Dem Geist der Zeit entsprechend warb sie mit „reeller Bedienung" und „volkstümlichen Preisen". Vor allem aber verfügte sie bereits über ein damals noch seltenes Telefon, das noch eine fünfstellige Rufnummer hatte, und zwar 8 84 62. Ihr Bier bezog die Wirtschaft bei der Eichbaum, die im Programmheft für das Heinrich-Frey-Gedächtnisturnier mit dem Slogan warb: „Ob heimatlich, ob fremd Du hier/ Trink immer nur Dein Eichbaum-Bier[5]." 1960 übernahm Georg Wiest die Bewirtschaftung[6], 1961 Wolfgang Sauer und seine Ehefrau[7], 1962 Herbert Guckler[8].

1963 saß Edgar Blau mit seiner Ehefrau auf der „Turnhalle". Er warb mit gut bürgerlicher Küche und Wurstwaren aus eigener Schlachtung und bot bereits eine Vorform des Pizza-Services an, nämlich „Verkauf über die Straße". Er hatte auch bereits eine neue, eine sechsstellige Telefonnummer zugeteilt bekommen, nämlich die 89 14 62[9].

1965 übernahm Walter Morath die Gaststätte. Morath, geboren

Das urige Inserat der Vertrags-Brauerei Eichbaum und der Wirtsfamilie Schirmer 1958 noch mit der alten Telefonnummer.

GASTSTÄTTE „Zur Turnhalle"

Gepfl. Getränke
gut bürgerliche Küche
ff. Wurstwaren
aus eig. Schlachtung
Verkauf
auch über die Straße

Das bekannte, gemütliche Familienlokal
unter unserer Wirtschaftsführung
Fernsprecher-Nummer 89 14 62

Familie W. Morath

Inserat von Vereinswirt Walter Morath 1967 bereits mit neuer Telefonnummer.

GASTSTÄTTE TSG RHEINAU

Heuweg 8/10 · Telefon 89 14 62   Pächter: Karl Bauder

Tägl. bis 24 Uhr warme Speisen   Gepflegte Weine u. Biere

Es empfiehlt sich das gemütliche Familienlokal
Gartenwirtschaft

Für größere Veranstaltungen empfiehlt sich der renovierte Saal,
unter günstigen Bedingungen.

Für Ihren geschätzten Besuch, im voraus herzlichen Dank.

Inserat von Vereinswirt Karl Bauder 1968 noch mit der alten Adresse „Heuweg".

Einweihungsfeier für die renovierte Gaststätte 1986. Von rechts: Kurt Gaissert (Vorsitzender des Fußballkreises Mannheim), Heribert Leider (katholischer Pfarrer von Rheinau), Rolf Schmidt (CDU-Stadtrat), Michael Unrath (Vorsitzender der TSG), Hildegard Schmidt (Ehefrau von Stadtrat Schmidt), Winfried Höhn (SPD-Stadtrat), Karl-Uwe Opitz (Filialleiter der Volksbank), Valentin Gremm (CDU-Stadtrat). Im Hintergrund an der Theke: das Wirts-Ehepaar Elisabeth und Hans Schüssler.

Im lauschigen Biergarten des Vereinslokals lässt sich gemütlich sitzen und auch fröhlich feiern, wie hier beim Sommerfest des MGV 1896 Rheinau.

1920 in der Zwischenstraße und damit ein waschechter Rheinauer, war er bereits vor dem Krieg Mitglied des Vereins und danach in der Traditions-Mannschaft „Grüne Jäger" aktiv gewesen. Außerdem fungierte er als Spielausschuss-Vorsitzender für zwei Jugendliga-Mannschaften. Um die Vereins-Gaststätte übernehmen zu können, kündigte er bei der Sunlicht, bei der er als Installateur angestellt und zuletzt auch zehn Jahre lang Betriebsrat war. Morath blieb drei Jahre auf der Wirtschaft. 1967 wechselte er zum „Haltepunkt" nach Brühl, in den siebziger Jahren führte er dann die „Rottfeldklause" in Neckarau[10].

1968 änderte sich in der Wirtschaft gleich Mehreres. Zunächst einmal der Namen: Statt des Traditionsnamens „Zur Turnhalle" hieß sie jetzt „Gaststätte TSG Rheinau". Zum zweiten war der Saal frisch renoviert, im Zusammenhang damit auch die Brauerei gewechselt worden: Statt Eichbaum wurde jetzt das Heilbronner Cluss-Bier ausgeschenkt. Neuer Wirt wurde Karl Bauder, der von nun an warme Speisen bis 24 Uhr anbot[11].

1970 wechselte die Leitung der Wirtschaft bereits wieder zur Familie Freiermuth, die jedoch das bisherige Angebot fortsetzte[12]. 1972 folgte die Familie Weidner, die warme Speisen zunächst nur bis 23 Uhr anbot[13]. Im Jahr darauf musste jedoch auch sie das Angebot für warme Speisen wieder um eine Stunde verlängern[14]. 1974 wechselten Weidners auf die Gaststätte „Rheinauer Ring" des TV Rheinau und übergaben die TSG-Gaststätte an die Pächter Duchon-Schlüßler; Brigitte Duchon wurde in den achtziger Jahren als Bezirksbeirätin der SPD bekannt und führte später die „Eichbaum-Stuben" in der Relaistrasse 169[15].

1976 bis 1978 saß auf der Gaststätte die Familie Karl Kinzig. Täglich gab es hier bis 22 Uhr warme Speisen aus eigener Schlachtung und Bier der Marke Cluss. Während der Sommermonate wurden Kaffee und Kuchen sowie Speise-Eis angeboten[16].

Mitte der achtziger Jahre wurde das Vereinshaus für 95.000 Mark und in sehr viel Eigenarbeit der Mitglieder renoviert. So begann 1984 die Erneuerung der Sanitär- und Heizungsanlagen, von Sommer 1985 bis November 1986 war der große Saal an der Reihe[17]. Außerdem wurde vom Cluss-Bier auf Parkbräu umgestellt[18]. Pächter der renovierten Gaststätte wurde das Ehepaar Schüssler[19]. Ab 1993 war das griechische Ehepaar Ilias und Janoula Pliatsikos auf der Wirtschaft[20], bis sie 1999 die Gaststätte „Reichsadler" in der Relaisstraße übernahmen. Seither führt Vereinschef Peter Klug selbst die Vereins-Gaststätte. Unter seiner Federführung wurden Schankraum, Küche, Kühlräume und Elektrik komplett in Eigenleistung modernisiert.

Das Vereinslokal war oftmals Schauplatz großer Kerwe-Feiern ...

Eigenheim des Arb.=Turn= u. Sportvereins e. V.
Mannheim=Rheinau.

Eigene Lokalitäten. Prächtig ausgeschmückter Saal über die
Karnevalszeit.
ff. Weine, Bier und sonstige Getränke. Warme und kalte Speisen.
Eigene Schlachtung! Hausmacher Ware!

An unserem Kappenabend wird allen Anwesenden unentgeltlich
ein Abendessen verabreicht in 4 Gängen.

1. Gang. Brockelsuppe mit Schnittlauch.
2. „ Zeppelin mit Wolken. (D. i. Sauerkraut mit Bratwürste).
3. „ Handkäse mit Bund.
4. „ Zum 00.

... und fasnachtlicher Veranstaltungen.

Überblick

1926	Durlacher-Brauerei Bierlieferant des Vereinsheims
1950	Wirtschaftsbetrieb in eigener Regie
1958	Familie Schirmer Pächter
1959	Georg Wiest Pächter
1960	Wolfgang Sauer Pächter
1961	Herbert Guckler Pächter
1962	Edgar Blau Pächter
1965	Walter Morath Pächter
1968	Neuer Name: „TSG Rheinau" statt „Turnhalle", Karl Bauder Pächter
1970	Familie Freiermuth Pächter
1972	Familie Weidner Pächter
1974	Familie Duchon-Schlüßler Pächter
1976	Familie Kinzig Pächter
1978	Familie Schmitt Pächter
1982	Nickolaus Kyron Pächter
1984	Renovierung der Gaststätte, Ehepaar Schüssler Pächter
1987	Familie Weber Pächter
1988	Familie Bischoff Pächter
1991	Harald Pfister Pächter
1991	Thomas Mistikos Pächter
1993	Janoula Platsikos Pächter
1999	Vereinschef Peter Klug Pächter, Renovierung von Gaststätte und Küche

Bild des Bierlieferanten, das für sich spricht ...

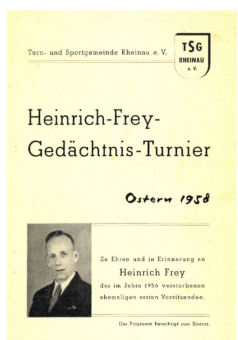
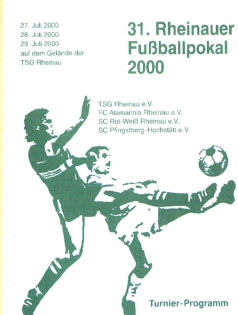

Titelseite des Turnierheftes zum ersten Heinrich-Frey-Gedächtnisturnier 1958

Titelseite des Turnierheftes zum Rheinau-Pokal 2000 bei der TSG

Das erste Rheinauer Fußballturnier, an dem die TSG teilnahm, nämlich 1971, gewann sie auch gleich: Oberbürgermeister Prof. Dr. Ludwig Ratzel überreicht TSG-Spielführer Rolf Fischer den "Rheinau-Pokal".

Veranstaltungen

Die Turniere

Hauptaktivität eines Vereins, dessen Herzstück mittlerweile die Fußball-Abteilung geworden ist, sind natürlich deren Turniere. Im Jahre 1957 gründeten der damalige Jugendleiter Willi Barth und sein Stellvertreter Alois Prager das nach dem verstorbenen Vorsitzenden benannte Heinrich-Frey-Gedächtnisturnier. Schnell wurde es zu einem der namhaftesten Jugendfußball-Turniere Mannheims. Sogar ausländische Mannschaften nahmen daran teil. 1972 wurde es nach dem Tode des gleichnamigen Erste-Mannschaft-Spielers in Valentin-Kutterer-Turnier umbenannt und Ende der siebziger Jahre eingestellt[1]. Sieger des Kutterer-Turniers in den ersten Jahren waren der FV 09 Weinheim (1972), der FV Brühl (1973), der SV 05 Saarbrücken (1974) und die Spielvereinigung Ilvesheim (1975)[2].

1995 gründete die TSG ein weiteres großes Turnier, den Willi-Salewski-Cup. Als er zum dritten Mal ausgespielt wurde, konnte sie den Pokal sogar selbst gewinnen[3].

Die TSG war außerdem Teilnehmer des Rheinauer Fußballpokals – des jährlichen Turniers aller vier Rheinauer Fußballvereine. Neben der TSG nehmen daran der Sportclub Pfingstberg-Hochstätt, der Sportclub Rot-Weiß Rheinau und der FC Alemannia Rheinau teil. Seinen einmaligen Reiz zieht das Turnier aus der Tatsache, dass hier Mannschaften aus völlig unterschiedlichen Spielklasse gegeneinander antreten – im Extremfall von der Landesliga bis zur B-Klasse. Dabei ist es keineswegs ausgemacht, dass die höherklassigen immer über den Teilnehmern liegen, die in einer niederen Liga spielen. „Das Rheinau-Turnier hat seine eigene Dynamik", pflegte sein Mitbegründer Oskar Blum, der inzwischen verstorbene langjährige Vorsitzende des Sportclubs Pfingstberg-Hochstätt, zu sagen.

Die Grund-Idee für ein Turnier aller Rheinauer Vereine kam Mitte der sechziger Jahre von Heiner Facco, dem Gründer der Sandhase; er plante es jedoch als sportlichen Beitrag zum Sandhase-Fest. Ende der sechziger Jahre wurde die Idee von Leander Bausch, dem damaligen Vorsitzenden des FC Alemannia Rheinau, erneut aufgegriffen. 1970 schließlich fand der erste Rheinau-Pokal auf dem Gelände des SC Rot-Weiß Rheinau statt – allerdings noch ohne die TSG. Vor allem auf Betreiben des damaligen Fußball-Leiters Willi Barth hatte sie unter Hinweis auf „andere Terminverpflichtungen" die Einladung ausgeschlagen; die alten TSG´ler damals wollten eben

Geselligkeit und beste Stimmung auch außerhalb offizieller Veranstaltungen des Vereins: Spanferkel-Essen der TSG-Junioren bei Familie Willi Fischer 1957.

im Grunde für sich bleiben. Das hatte für die drei anderen Vereine beim Turnier übrigens einen ermüdenden Modus zur Folge: Jede Mannschaft musste ein Vor- und Rückspiel, also insgesamt vier Begegnungen, absolvieren. Nach dem Erfolg der Premiere erklärte sich die TSG im Vorfeld des zweiten Turniers 1971 zur Teilnahme bereit, erhielt dafür auch den Zuschlag als Austragungsort – und gewann auch noch gleich! Überhaupt war die TSG in den ersten Jahren ausgesprochen erfolgreich: Von den sieben Turnieren zwischen 1971 und 1977 gewann sie immerhin vier Mal. In den 22 Jahren danach konnte sie jedoch zunächst keinen Sieg mehr verbuchen.

Am Rheinau-Pokal 1986 nahm die TSG wegen des Vorwurfs unfairen Verhaltens ihrer Spieler beim voran gehenden Turnier nicht teil. Es war eine Ironie der Geschichte, dass ausgerechnet in jenem Jahr Rudi Kindermann vom Sportclub Rot-Weiß Rheinau als Schirmherr fungierte, der Ende der sechziger Jahre Vorsitzender der TSG gewesen war. „Es ist bedauerlich, dass die TSG Rheinau an dem schon zur Tradition gewordenen Turnier unter den Rheinauer Mannschaften nicht teilnimmt"[4], erklärte damals der Vorsitzende des Fußballkreises Mannheim, Kurt Gaissert. „Es bleibt nur zu hoffen, dass die Fußballer der TSG im nächsten Jahr wieder mit von der Partei sind"[5], erklärten die Vorsitzenden der drei verbliebenen Teilnehmer-Vereine Winfried Höhn (Rot-Weiß), Gerhard Keller (Alemannia) und Rolf Blum (Pfingstberg). Und so war es auch: 1992 und 1998 konnte die TSG sogar jeweils den Fairnesspreis erringen.

Als die TSG im Jahr 2000 auf ihrer Anlage Ausrichter des Turniers und ihr Ehrenmitglied Kurt Laumann Schirmherr war, da gewann sie den Pokal erstmals wieder seit 22 Jahren. Der Turniersieg war ein Symbol für die Leistungsstärke, die die Erste Mannschaft der TSG unter ihrem Trainer Bernd Maurer gewonnen hatte. Den Fairnesspreis gab´s gleich noch dazu. „MM"-Sportredakteur Terence Träber schrieb über das Turnier: „Als klarer Favorit war der Landesligist SC Pfingstberg an den Start gegangen. Doch der hatte am ersten Spieltag seine liebe Mühe mit den Rot-Weißen und kam über ein 1:1 nicht hinaus. In der zweiten Partie fegte die TSG jedoch die Alu mit 3:0 vom Platz. Sven Erbel, Sven Röhrborn und der aus der A-Jugend zu den Senioren vorgestoßene Patrick Plehn erzielten die Treffer. Am zweiten Spieltag sorgte die TSG dann für eine Überraschung, als sie den bislang auf den Turniersieg abonnierten SC Pfingstberg mit 4:1 abfertigte. Erneut waren Erbel, Röhrborn und Plehn die Torschützen. Die letzte Turnierbegegnung war auf Grund der Ausgangssituation ein echtes Endspiel, wobei der TSG gegen Rot-Weiß ein Unentschieden gereicht hätte. Doch damit wollte sich die Maurer-Truppe nicht zufrieden geben, und schon gar nicht Pa-

Gruppenfoto bei einer Probe der vereinseigenen Theatergruppe Ende der zwanziger Jahre.
Die Aufführungen der Laienspielschar des Vereins waren beliebte Veranstaltungen jener Zeit.

Vor-Anzeige!

Theater-Abteilung des Arb.-Turn- und Sportvereins.

Im Laufe des Sommers gelangen folgende Stücke zur Aufführung:
1.* „Sie wird ihm untreu!"   (Heute zum dritten male.)
2. „Die Jungfrau!"   (Von Fachleuten für die Bühne bearbeitet.)
3. „Paula bekommt Zwillinge."   (In 4 Akten.)
4.* „Sie schützt ihre Unschuld!"   (Nur bis Donnerstag.)
5.* „Das Hemd der Baronin!"   (Auf allgem. Wunsch verlängert.)
6. „Sie hat etwas."   (Nur für Erwachsene.)
Die mit einem * versehenen Stücke sind zum Teil wiederholt aufgeführt oder verlängert, wie selbst ersichtlich.

Dieses Inserat zeugt von dem umfangreichen Repertoire der Theatergruppe und der großen Resonanz ihrer Aufführungen. Einige Stücke wurden mehrmals aufgeführt. Zum Schmunzeln der anzügliche Titel des sechsten Stückes "Sie hat etwas" denn auch mit dem Hinweis „Nur für Erwachsene".

trick Plehn, der sich in der Mannschaft so richtig wohl zu fühlen scheint. Mit seinem Tor – dem vierten in drei Begegnungen – machte er alles klar: 1:0[6]."

Beim Turnier im Jubiläumsjahr 2001 auf der Winfried-Höhn-Anlage des SC Rot-Weiß erreichte die TSG allerdings nur den dritten Platz. Bereits in der ersten Begegnung war die TSG vom SC Pfingstberg mit 6:1 besiegt worden, gegen die Alemannia reichte es nur zu einem 2:2-Unentschieden, vom Rot-Weiß wurde sie mit 7:0 vom Platz gefegt[7]. Doch das hatte seinen Grund: Trainer Prior schonte seine Truppe für das am Tag darauf folgende Pokalspiel gegen Ketsch (immerhin drei Klassen höher!), das die TSG dann auch bravourös mit 3:1 gewann.

Gesellige Veranstaltungen

Bereits unmittelbar nach ihrem Bau wurde die so genannte „Turnhalle" Hort nicht nur sportlicher Aktivitäten, sondern auch zahlreicher geselliger Veranstaltungen. Noch lange unvergessen für alle damaligen Teilnehmer blieben die Aufführungen der Vereinseigenen Theatergruppe sowie des Theatervereins Rheinau. Aufgeführt wurden unter anderem volkstümliche Stücke wie „Die junge Lindenwirtin" oder „Das weiße Rössl am Wolfgangssee"[8].

Legendär wurden die Karnevalsveranstaltungen im Vereinsheim. Bereits in den zwanziger Jahren wurden diese ausgiebig gefeiert. Ein Beispiel für das umfangreiche Treiben bildet das Jahr 1929. Damals gab es am Samstag, 2. Februar 1929, einen Maskenball, am Tag danach, also dem Sonntag, eine Prunksitzung, am darauf folgenden Dienstag einen Lumpen-Ball und am Mittwoch die „große Geldbeutelwäsche auf dem Marktplatz". Eigens zu diesem Veranstaltungsreigen gab der Vorstand ein „Vereins-Narren-Blatt" heraus, für das Lina Frey verantwortlich zeichnete und in dem die Vereins-Oberen mit ihren Marotten durch den Kakao gezogen wurden[9]. Die Tradition der Karnevalsveranstaltungen wurde noch bis weit in die späten sechziger Jahre hinein gepflegt.

Als zentrale gesellschaftliche Veranstaltung des Vereins wurde 1977 die „Grün-Weiße Nacht" begründet. Nach dem großen Erfolg des Bunten Abends, der im Zuge des 75. Jubiläums am 12. Juni 1976 mit der Tanzgruppe Henry Mühlum, dem bekannten Humoristen Günter Thomas, dem Sänger Wenzel Stollmayr und der Tanzkapelle „Swamp-Panic" stattgefunden hatte[10], entschieden sich die Verantwortlichen, alljährlich eine ähnliche gesellige Veranstaltung anzubieten.

Zu Fasnacht ging´s wahrlich rund in der Turnhalle am Heuweg: Inserate für Fasnachtsveranstaltungen des Vereins aus den Jahren 1926 (oben) und 1929 (unten).

Vereinsfasnacht in den fünfziger Jahren, von rechts Kurt Klug, Gustav Hipp, Ilse Klug, Frau Hipp, Fritz Reifenberg.

Fußballer-Maskenball 1968.

Die Vorsitzenden

Eine der wichtigsten Voraussetzungen für die gedeihliche Entwicklung eines Vereins ist eine gute Führung, ja der richtige Vorsitzende. Ein guter Vorsitzender alleine mit schlechten Helfern um ihn herum ist sicher nichts wert; aber ebenso nützt das beste Team nichts, wenn die Spitze nicht funktioniert. Am Ende ist es nämlich nur einer, ist es nur er, der Vorsitzende, der die Verantwortung für das Geschehen und das Nicht-Geschehene im Verein trägt – vor den Mitgliedern natürlich, aber auch vor der Öffentlichkeit und schließlich juristisch.

Im Vergleich zu den drei anderen großen Rheinauer Sportvereinen – dem Turnverein 1893 Rheinau, dem Sportclub Rot-Weiß 1952 Rheinau und dem Sportclub Pfingstberg-Hochstätt – unterscheidet die Vorstände der TSG Rheinau vor allem eines: ihre vergleichsweise kurzen Amtszeiten. Die große Fluktuation an der Spitze verbunden mit einer oft abrupten Abwicklung des Personenwechsels hat in der Geschichte des Vereins denn auch zu mancher Krise geführt. In den zurück liegenden 100 Jahren hatte der Verein Zeiten mit herausragenden Persönlichkeiten an seiner Spitze, aber auch Zeiten mit Vorsitzenden, die bei allem guten Willen der großen Aufgabe nicht immer gewachsen waren.

Allererster Vorsitzender des Vereins war Ludwig Brüstle; er war von den elf Gründungsmitgliedern bei der Gründungsversammlung am 22. September 1901 an die Spitze des neuen Vereins gewählt worden; wie lange er amtierte, ist nicht überliefert; es können jedoch höchstens fünf Jahre gewesen sein. Denn als sich am 26. November 1906 der Arbeiter-Turnverein mit den anderen Rheinauer Arbeitervereinen zum Arbeiter-Sportbund Vorwärts Rheinau zusammen schloss, amtierte ein Triumvirat aus den Mitgliedern Stein, Leibold und Groß an dessen Spitze; da der Verfasser der Festschrift von 1926 diese Personengruppe nicht in alphabetischer Reihenfolge nannte, hat er sie wohl nach Wichtigkeit aufgeführt. Das bedeutet, dass Stein der Wichtigste der Drei und damit de facto Erster Vorsitzender war. Als sich nach dem Scheitern des Experiments „Großverein" der Arbeiter-Turnverein am 18. August 1908 wieder selbstständig machte, wurde jedoch nicht Stein, sondern der Zweitgenannte Karl Leibold Vorsitzender.

Als 1914 der Erste Weltkrieg begann, wurde der damalige Vorsitzende Adolf Söhner eingezogen und blieb als einer von 33 gefallenen Mitgliedern im Felde; während seiner Abwesenheit hatte das

Vereinsmitglied Heinrich Neuschwanger den Turnbetrieb aufrecht erhalten und damit den Verein de facto geführt.

In der Generalversammlung vom 18. Januar 1920 wurde der Schweißer Victor Schläger aus der Stengelhofstraße 49 zum Vorsitzenden gewählt. Mit ihm bildeten den Vorstand der Metzger und Wirt Philipp Fischer als Hauptkassier und der Gutsverwaltungsbeamte Hermann Knecht[1]. In die Amtszeit dieses Vorstands fiel die Eintragung ins Vereinsregister am 1. April 1920 sowie der Beschluss zum Bau der Vereinshalle und der sukzessive Kauf des Vereinsgeländes.

Am 6. Juni 1925 wurde der Tünchermeister Karl König, Mülheimerstrraße 4, Vorsitzender – mit Karl Scheit als seinem Stellvertre-

Am 10. Oktober 1922 informiert der Verein das Amtsgericht über das Ergebnis der Vorstandsneuwahlen: Vorsitzender wurde Victor Schläger, Kassierer Philipp Fischer, Schriftwart Hermann Knecht.

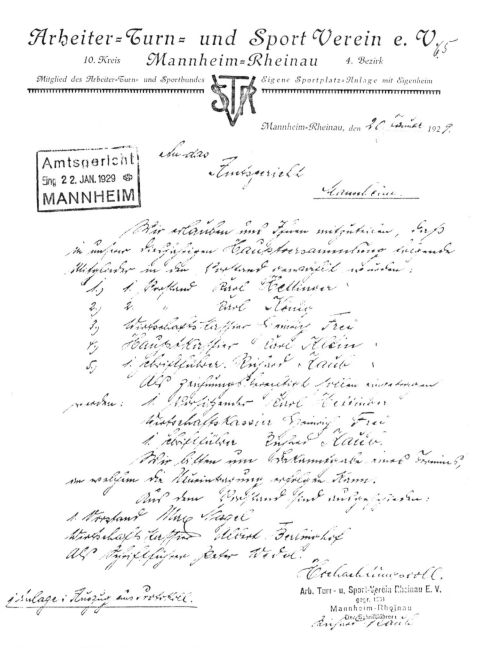

Am 20. Januar 1929 informiert der Verein das Amtsgericht über das Ergebnis der Vorstandsneuwahlen: Vorsitzender wurde Karl Hettinger, sein Stellvertreter Karl König, Vereinswirt ("Wirtschaftskassierer") Heinrich Frey, Hauptkassier Karl Klein.

ter; Schriftführer und Hauptkassier blieb Philipp Fischer[2]. Über Karl König schrieb die Vereinszeitung: „Seines Zeichens Invalide und Technischer Vorstand. Sehr erfahren in turnerischen Angelegenheiten und sehr vorsichtig im Politisieren. Karl ist etwas kurzsichtig, daher in der Regel eine Brille tragend zum Lesen, was ihm das Aussehen eines großen Gelehrten verleiht. Unser allererster König Karl hat schon ein geraumes Zeitalter verlebt, denn sein teures Haupt zeigt schon eine schöne kalte Platte. Karl hat noch nicht seine pensionsfähige, wohl verdiente Ruhe im Verein erhalten. Seine Parole heißt: Nur die Arbeit kann uns retten!"[3]

Am 31. Januar 1927 wurde der Bleilöter Karl Scheit aus der Karlsruher Straße 4 Vorsitzender – mit dem Werkmeister Fritz Volz aus dem Distelsand 1 als seinem Stellvertreter[4]. Über Scheit schrieb die Vereinszeitung: „Ein alter Freund und Gönner unseres Vereins, ebenso Kreisfunktionär und Besitzer einer gut florierenden Geschäftsordnung und eines guten Redeflussses[5]." Im Jahr darauf gab Scheit sein Amt jedoch bereits wieder ab, blieb jedoch im zweiten Glied engagiert: „Er fungiert als Ersatz-Revisor für 1929. Ein anderes Amt wies Karl entschieden zurück, denn Überanstrengungen verträgt Karl nicht, da er augenblicklich ein Fußleiden zu beklagen hat, außerdem Geschäftsinhaber einer Eier-, Butter-, Käse- Obst- und Gemüsehandlung ist und es ihm die Zeit und andere Gründe verbieten, ein anderes Amt im Verein zu übernehmen."[6]

Am 14. Januar 1928 wurde Max Nagel sen., Karlsruher Straße 17, zum Vorsitzenden gewählt. Er war der Erste einer wahren Dynastie von TSG'lern: Sein Sohn war zur gleichen Zeit aktiver Fußballer, dessen Sohn wiederum in den sechziger Jahren Jugendleiter und in den siebziger Jahren Schiedsrichter; bekannt wurde letzterer jedoch als Vorsitzender des Deutschen Gewerkschaftsbundes Mannheim und Landtagsabgeordneter.

Am 20. Januar 1929 meldete der Verein ans Amtsgericht, dass nunmehr der 34-jährige Schlossermeister Karl Hettinger aus dem Dänischen Tisch 5-7 an der Spitze des Vereins stehe[8]. Hettinger war an führender Stelle im SPD-Ortsverein aktiv und außerdem Mitglied der Stadtverordnetenversammlung; die Vereinszeitung schrieb über ihn: „Große stattliche Erscheinung, könnte beinahe jedem berühmten Bildhauer und Maler als Modell zum modernen Apoll stehen. Karl ist Stadtverordneter und arbeitet außerdem mit großem Eifer für die Förderung und Vorwärtsbewegung der Partei und ist dieserhalb schon eine Größe. Er spricht gut in Versammlungen und Sitzungen, hauptsächlich bei der Verteilung von Ämtern versteht es Karl vorzüglich, andern mit schönen überzeugenden Worten ein Amt aufzuschwätzen und von sich abzuwälzen. Seine Redekunst nütze ihm jedoch bei unserer Generalversammlung

Am 19. Januar 1933 informiert der Verein das Amtsgericht über das Ergebnis der Vorstandsneuwahlen: Vorsitzender wurde Heinrich Frey.

nichts, Karl wurde einstimmig zum Vorsitzenden gewählt, und ich bin fest davon überzeugt, dass wir es mit ihm glänzend getroffen haben, und dass uns Karl ein treuer Mitstreiter sein wird."[9]

Indes, diese Überzeugung trog den Chronisten: Hettinger blieb nur ein Jahr an der Spitze des Vereins, vielleicht, weil er im gleichen Jahr das Wurst- und Fleischwarengeschäft seiner Mutter erbte oder generell die Arbeit in der Stadtverordneten-

Heinrich Frey

Versammlung und an der Spitze des SPD-Ortsvereins in diesen politisch unruhigen Zeiten seine ganze Kraft beanspruchte. Jedenfalls war am 12. Februar 1930 der Kupferschmied Heinrich Frey aus der Mülheimer Straße 40 an die Spitze des Vereins getreten[10] – mit Karl Klein aus der Frühlingstraße 30 als Kassier und dem betagten Karl König als Schriftführer. In der Vereinszeitung hieß es über Frey: „Geboren im Jahre des Herrn (1900), daher das lammfromme Aussehen. Solide Erscheinung mit großem Kopf, allgemein etwas gehobener Bildung, Besitzer einer großen Aktentasche, die er stets angefüllt mit allerlei Notizen, Aufzeichnungen, Bundeskalendern (zurück bis 1914) in alle Sitzungen schleppt. Selbst Kalenderabrisse fehlen nicht. Beliebt zeitweise Wechsel in seinen Funktionen. Kein Kind, kein Engel ist so rein."[11]

So anständig er war, so traf es ausgerechnet ihn, in zentraler Verantwortung die schwerste Krise in der Geschichte des Vereins zu erleben. Zuletzt in der Generalversammlung am 14. Januar 1933 wieder gewählt, amtierte er zum Zeitpunkt der Machtergreifung der Nationalsozialisten; ihm wurde im März 1933 von der SA das Verbotsdekret übergeben, er musste hilflos mit ansehen, wie Inventar und Akten beschlagnahmt und abtransportiert wurden. Nach dem Kriege war Frey denn auch die maßgebliche Persönlichkeit der

Der erweiterte Vorstand der TSG im 50. Jubiläumsjahr 1951. Sitzend: Dewald, Lier, Kramer, König; stehend: Albert, Ucharim, Zorn, Ruttmann, Böhm, Rothacker, Burkhardt, Schreiber.

Der Vorstand im Jahr des 60-jährigens Bestehens 1961. Sitzend: O. Hübner, B. Bockelmann, W. Arnold; stehend: K. Schlienger, Fr. Müller, O. Albert.

früheren TSG. Gemeinsam mit den Vorsitzenden Max Uhlemann (TV) und Rudi Heinemann (Alemannia) vereinbarte er im Oktober 1945 die Gründung der SG, deren Vorsitzender er auch wurde. Als der Verein sich 1948 jedoch von neuem selbstständig wieder gründete, wurde Willi Kramer an die Spitze gewählt; er war es auch, der die Wiedergutmachungszahlung abwickelte und sie in das Gelände investierte.

Die Blütezeit des Vereins Anfang der fünfziger Jahre war untrennbar verbunden mit dem Namen des Vorsitzenden Adolf Lier, der von vielen als „Vater des Vereins" angesehen wurde. Als er aus Gesundheitsgründen den Vorsitz abgeben musste, wurde er Ehrenvorsitzender und Herbert Dechant sein Nachfolger. Doch dieser wurde mindestens so krank wie sein Vorgänger und musste 1956 auf eine Wiederwahl verzichten. Das drohende personelle Vakuum an der Spitze des Vereins war nur dadurch zu schließen, dass der Ehrenvorsitzende Adolf Lier die Geschicke des Vereins erneut in die Hand nahm. Seine Vorstandskollegen Bader, Braun, Göhler und Albert standen ihm zur Seite. Gleichwohl hielt Lier die Sache gesundheitlich nicht durch; de facto führte sein Stellvertreter Willi Bader die Geschäfte und wurde 1957 denn auch de jure zum Vorsitzenden gewählt. Doch auch Bader wurde kurz darauf von einer heimtückischen Krankheit befallen, die ihn binnen kurzer Zeit dahin raffte. Mit Heinrich Frey, Adolf Lier und Willi Bader hatte der Verein in kürzester Zeit also drei seiner hervorragendsten Führungspersönlichkeiten verloren.

Aber es musste weiter gehen im Verein, und so war Boris Bockelmann, der 1947 als Fußballer bei der TSG begann und sich seit 1955 als Stellvertreter Baders seine ersten Sporen verdient hatte, dazu ausersehen, die Geschicke des Vereins in die Hand zu nehmen. Am 4. Juni 1958 übernahm der damals 30-jährige Bockelmann die Führung des Vereins. Zu seiner Mannschaft gehörten auch die Vorstandsmitglieder Hübner, Arnold, Müller, Albert, Barth und Schlienger. Doch nachdem Bockelmann den Vorsitz des Ersten Rheinauer Carnevalvereins „Die Sandhase" übernommen hatte, gab er sein Amt bei der TSG ab. Nach seinem kurzen Ausflug in die Fasnacht kehrte er jedoch zum Sport zurück, machte Karriere im Badischen Fußballverband, dessen Präsident er von 1984 bis 1995 war. In dieser Funktion war er zugleich Vorstandsmitglied des Deutschen Fußballbundes. Bockelmann starb am 24. April 1997 nach kurzer schwerer Krankheit im Alter von 69 Jahren.

Im Mai 1963 wurde auf Vorschlag von Fritz Böckenhaupt der 41-jährige Rudi Kindermann zum neuen Vorsitzenden gewählt. Kindermann, 1922 im Sudetenland geboren und seit 1957 in Rheinau, war 1963 zur TSG gestoßen, in der sein Sohn Fußball spielte.

Der Vorstand im 75. Jubiläumsjahr 1976. Sitzend: Hans Eisele (Schatzmeister), Karl Vogel (stellvertretender Vorsitzender), Günter Friedrichs (Schriftführer); stehend: Harald Kopper (Technischer Leiter), Horst Ludwig (Vorsitzender).

Der Vorstand der achtziger Jahre: Vorsitzender Michael Unrath, Schriftführerin Milada Stückle, Vize-Vorsitzender Richard Pfister, Schatzmeister Hans Eisele.

In seine Amtszeit als Vorsitzender fielen Baumaßnahmen wie die Errichtung der Flutlichtanlage und sportliche Erfolge wie der Aufstieg in die Zweite Amateurliga. Kindermann blieb denn auch die relativ lange Zeit von sieben Jahren im Amt, kandidierte 1970 jedoch nicht mehr und schlug seinen Stellvertreter Adolf Mühlum als Nachfolger vor. Anlass waren Meinungsverschiedenheiten über den Rheinauer Fußball-Pokal, an dem Kindermann teilnehmen wollte, Fußball-Leiter Willi Barth jedoch nicht – und sich durchsetzte. Eine neue sportliche Heimat fand Kindermann im Sportclub Rot-Weiß Rheinau, in dem er Vorsitzender des Spielausschusses, stellvertretender Vereinsvorsitzender und Jugendleiter wurde[12].

Anfang der siebziger Jahre drehte sich das Vorstandskarussell in atemberaubender Schnelligkeit: Anfang 1970 noch Rudi Kindermann, im Frühjahr 1970 dann Adolf Mühlum, 1971 Helmut Fichtner, 1973 Horst Ludwig. Erst unter Horst Ludwig kehrte Ruhe in die Vorstandsarbeit ein. Nach neun Jahren gab er sein Amt ab; er starb ein Jahr vor dem Vereinsjubiläum im Jahr 2000. Seine Frau Jolande ist seit über einem viertel Jahrhundert als unermüdliche Leiterin der Gymnastik-Abteilung engagiert.

Da sich im Verein selbst kein Kandidat für die Nachfolge Ludwigs anbot, wandte sich der Vorstand an den befreundeten Stadtrat Winfried Höhn, bereits damals seit über 25 Jahren Vorsitzender des Sportclubs Rot-Weiß Rheinau. Höhn empfahl seinen Stellvertreter im Vorsitz des SPD-Ortsvereins, Michael Unrath, für diesen Posten[13]. Der damals 36-jährige Unrath war von Beruf Planungs-Ingenieur bei Boehringer Mannheim und wohnte seit 1974 im Casterfeld, wo er von 1982 bis 1984 stellvertretender Vorsitzender der örtlichen Siedlergemeinschaft war. Am 29. Januar 1982 wurde Unrath bei drei Gegenstimmen zum Vorsitzenden der TSG gewählt. Eigens für diese Wahl ließ er sich übrigens auf eigene Gefahr aus dem Krankenhaus entlassen; im Dezember des Vorjahres hatte er sich bei Glatteis das linke Bein gebrochen, das Sprunggelenk musste operiert werden. Für seine Wahl fuhr Unrath mit dem Taxi ins Vereinshaus und nach der Sitzung zurück ins Krankenbett[14]. Trotz guten Willens und anfänglichen Engagements wurde er niemals richtig heimisch in der TSG, scheiterte insbesondere an den gewachsenen personellen Strukturen in diesem Traditionsverein.

Bei der Neuwahl des Vorstandes am 26. Februar 1988 kandidierte die bisherige Schriftführerin Milada Stückle gegen Unrath und wurde mit 37 Ja- gegen zehn Nein-Stimmen bei zehn Enthaltungen gewählt. Sie war damit die erste Frau an der Spitze eines Fußballvereins. Im Januar 1991 trat auch sie zurück, ein Jahr lang führte ihr Stellvertreter Richard Pfister den Verein kommissarisch. Pfister, 1939 auf der Rheinau geboren und beruflich bei der Firma

Rheinchemie tätig, war bereits seit seinem elften Lebensjahr Mitglied im Verein, durchlief sämtliche Fußball-Mannschaften sowie Führungsämter in der Fußball-Abteilung und im Gesamt-Verein bis hin zum stellvertretenden Vorsitzenden. Mit einem ambitionierten Programm, das sogar die Gründung einer Tennisabteilung beinhaltete[15], kandidierte er nach langem Zögern in der Generalversammlung vom 21. Februar 1992 für den Vorsitz. Völlig überraschend unterlag er jedoch Peter Klug, der als Kandidat vor allem der Jüngeren[16] ebenso überraschend gegen ihn angetreten war[17]. Klugs Angebot, als sein Stellvertreter in den Vorstand einzutreten, lehnte Pfister ab und zog sich aus dem Verein zurück. Der damals 36-jährige Klug, Spross einer alten Rheinauer Familie – der Ur-Großvater war im Stadtteil als Schuhmacher bekannt -, war bereits seit seinem siebten Lebensjahr Mitglied des Vereins und spielte in der Schüler- und Jugendmannschaft Fußball[18]. Drei Jahre war er Jugendtrainer. Vorstandsämter hatte er bis dahin noch nicht inne. Gleichwohl gelang es dem neuen Mann, den Verein zu konsolidieren. Dabei legte der Vorsitzende auch selbst Hand an, renovierte und erweiterte mit anderen Vereinsmitgliedern den Platz, den Saal und die Gaststätte, deren Bewirtschaftung er 1999 selbst übernahm. Mit zehn Jahren Amtszeit ist er im Jahr 2002 der dienstälteste Vorsitzende in der 100-jährigen Geschichte der TSG.

Im Jubiläumsjahr ein wahrer „Schaffer" an der Spitze des Vereins: Peter Klug, dienstältester Vorsitzender in der Vereinsgeschichte.

Übersicht

1901 Ludwig Brüstle
1906 Stein
1908 Karl Leibold
1914 August Söhner
1914 Heinrich Neuschwanger
1920 Victor Schläger
1925 Karl König
1927 Karl Scheit
1928 Max Nagel
1929 Karl Hettinger
1930 Heinrich Frey
1933 Verein existiert nicht mehr
1945 Heinrich Frey
1948 Willi Krämer
1950 Adolf Lier
1951 Herbert Dechant
1956 Adolf Lier
1957 Willi Bader
1958 Boris Bockelmann
1963 Rudi Kindermann
1970 Adolf Mühlum
1971 Helmut Fichtner
1973 Horst Ludwig
1982 Michael Unrath
1988 Milada Stückle
1991 Richard Pfister
1992 Peter Klug

Vorsitzende der TSG (Auswahl)

Heinrich Frey
1930-33, 1945-48

Adolf Lier
1950-51, 1956-57

Boris Bockelmann
1958-1963

Rudi Kindermann
1963-1970

Adolf Mühlum
1970-1971

Horst Ludwig
1973-1982

Michael Unrath
1982-1988

Milda Stückle
1988-1991

Peter Klug
seit 1992

5. Menschen im Verein

Profile

Ludwig Gärtner

(1907-1996)

Mitglied ab 1922, Fußballer, Handballer, Leichtathlet,
1987 Ehrenmitglied

Ludwig Gärtner trat 1922 mit 15 Jahren dem Arbeiter-Turn- und Sportverein bei und war in Fußball, Handball und Leichtathletik aktiv. Sein Leben ist exemplarisch für die „Freien Turner" jener Zeit: Auch in anderen Organisationen der Arbeiterbewegung war er in den zwanziger Jahren aktiv und musste deswegen zu Beginn des Dritten Reiches manche Benachteiligung erleiden. Für seine 65-jährige Vereinstreue wurde er 1987 zum Ehrenmitglied der TSG ernannt.

Die Gärtners stammen ursprünglich aus Schönau im Odenwald. Ludwig Gärtners Vater Daniel (1882-1960) kam 1904 nach Mannheim und zog in die Zwischenstraße 19 auf der Rheinau. Er fand Arbeit bei der Rheinauer Baufirma Marzenell am Karlsplatz und war politisch im SPD-Ortsverein engagiert. Mit seiner Frau Margarethe (1882-1964) hatte er neun Kinder, eines davon war Ludwig

Ludwig Gärtner

Gärtner, der am 21. Juli 1907 zur Welt kam. Er ist damit einer der wenigen „richtigen" Rheinauer. Seine Geburt, so erzählte er mir später immer wieder mit einem Schmunzeln, lief im wahrsten Sinne des Wortes mit Pauken und Trompeten ab. Denn an jenem Tage feierte der nahe gelegene „Turnverein 1893" seine Fahnenweihe.

Ab 1910 ging der kleine Ludwig in den evangelischen Kindergarten in der Relaisstraße 58 (zwischen der Gastwirtschaft und der Spedition Wöllner gelegen). Die 30 Kinder wurden von Diakonissen beaufsichtigt. Schon damals spielte der kleine Louis am liebsten mit Bauklötzen und erwies sich damit bereits in der Kindheit als Mann vom Bau. 1914 wurde er in die Rheinauschule eingeschult, die damals noch im heutigen Kinderheim in der Relaisstraße untergebracht war. Erst 1919 zog die Klasse in das Schulgebäude am

Ludwig Gärtner (links) als Kind mit seiner Familie.

Mutterstadter Platz um, dessen Bau während des Ersten Weltkrieges ausgesetzt war. Vater Daniel nahm als Infanterist am Ersten Weltkrieg teil und wurde an der Westfront schwer verwundet.

1922 begann Ludwig Gärtner wie sein Vater bei der Baufirma Marzenell eine dreijährige Lehre als Polier, die er 1925 mit dem Gesellenbrief abschloss. Ganze fünf Mark gab es im ersten Lehrjahr als Lohn, die er auch noch der Mutter abgeben musste, um die Familie durchbringen zu können.

Im gleichen Jahr, mit 15 Jahren, trat er dem Arbeitersängerbund bei. Singstunde beim „Buckelwirt" am Karlsplatz war immer freitags, damit man am Tag danach ausschlafen konnte. Man sang romantische Lieder von Schubert oder Liszt. Im Tanzsaal „Badischer Hof" (späterer Kaisers´s Drugstore) gab der Chor seine Konzerte. Ebenfalls 1922 trat Ludwig Gärtner dem Arbeiter-Turn- und Sportverein bei. Hier spielte er Fußball und Handball und war außerdem in der Leichtathletik aktiv. Als Mitglied der Turn-Abteilung trat er auch bei der Einweihung des Frankfurter Stadions 1925 auf. Zum Verein hatte er aber auch noch aus einem anderen Grund eine ganz besondere Beziehung: Die Schwester des legendären Fußball-Abteilungsleiters Willi Kaiser, Elisabeth Kaiser, damals 19 Jahre jung, wurde am 12. Oktober 1929 seine Frau. In jenem Jahr wurde auch sein Sohn und damit das erste von drei Kindern des Paares geboren.

Doch Ludwig Gärtner engagierte sich auch politisch. 1928, in den politisch unruhigen Zeiten gegen Ende der Weimarer Republik, trat er dem demokratietreuen Reichsbanner Schwarz-Rot-Gold bei und hatte dabei zahlreiche Straßen- und Saalschlachten gegen die SA zu schlagen, die sich damals beim Ketten-Braun im Rheinauhafen traf. Nach der Machtergreifung 1933 rächten sich die SA-Leute: Sie überfielen Gärtner und seine Freunde in der Turnstunde auf dem heutigen TSG-Platz. Mit großen Messern schlitzten sie die hölzernen Turngeräte auf und zwangen Gärtner, um ihn zu demütigen, einen der drei Betonpfeiler des Geländes heraus zu meißeln. Auch an seinem Arbeitsplatz bei der Baufirma Marzenell bekam er Probleme. Die Firma errichtete damals gerade das Kriegerdenkmal auf dem Marktplatz. Nachdem Gärtner die Grundplatte gemauert hatte, wurde er an Ostern 1933 entlassen. Marzenell, der mit dieser Entlassung eigentlich nicht einverstanden war, hatte ihm noch angeboten, zumindest als Nachtwächter auf der Baustelle weiter arbeiten zu können; doch Gärtner lehnte ab: „Wenn ich tagsüber nicht dort sein darf, dann gehe ich auch nachts nicht hin."

Fortan suchte Gärtner nach Arbeit, fragte auf verschiedenen Baustellen an. Dort hieß es jedoch immer nur: „Du kannst sofort anfangen. Geh´ zum Arbeitsamt und hol Dir eine Arbeitserlaubnis." Eine Arbeitserlaubnis bekam er jedoch vom Arbeitsamt auf Grund seiner politischen Einstellung nicht. Durch Vermittlung des städtischen Oberbau-Inspektors Schmid, Vater der späteren AWO-Vorsitzenden Loreliese Henz, fand er bei der Feudenheimer Baufirma Ludwig Hahner eine neue Stelle. Mit ihr machte er den Plankendurchbruch in der Innenstadt und den Bau der Stadtschenke in Q 5 (spätere Kaufhalle).

Die Front blieb ihm erspart, war er als Polier doch bereits 1936 zur Organisation Todt eingezogen worden. In ihr baute er 1936 am Westwall mit, 1940 an der Brücke über den Rhein-Rhone-Kanal, 1942 am Atlantikwall bei St. Malot westlich von Cherbourg. Im Herbst 1944 wurde Gärtners Einheit in die Heimat zurück versetzt, um hier die durch die Luftangriffe zerstörten Gebäude wieder herzustellen. Während sie den Heeresschlachthof Meder in Schwetzingen wieder aufbauten, wurde Gärtner durch amerikanische Jabos verwundet und kam ins Lazarett nach Leimen, wo er im April 1945 in amerikanische Kriegsgefangenschaft geriet. Als es eines Tages hieß, Bauern und Postboten würden entlassen, gab sich Gärtner kurzerhand als Briefträger aus und konnte nach Rheinau zurück kehren.

Wieder ging er zur Firma Hahner. Als diese 1958 pleite ging, weil sich der Sohn des Hauses über Nacht nach Kanada abgesetzt hatte, wechselte er zur Neckarauer Baufirma Armbruster. 1972 ging er in Rente. Doch auch danach konnte von Ruhestand keine Rede sein. 1978 etwa baute er ehrenamtlich die Toilettenanlage auf dem Festplatz Distelsand. Auf Grund dessen brauchten die „Sandhase" für ihr Sandhasefest immerhin zehn Jahre lang keine Platzmiete an die Stadt zu zahlen.

In den achtziger Jahren ging er regelmäßig zu seinem Stammtisch in den „Pfalzgraf", war aber auch noch bis ins hohe Alter mit seinem Fahrrad im Stadtteil unterwegs. Das große Hobby seines Lebensabends war das Reisen. 20 Jahre lang fuhr er mit seiner Frau in den Süden, nach Tunesien oder nach Israel. Neben den 30 Kanarienvögeln, die in seinem Garten in einem riesigen Käfig zwitscherten, gehörte seine Liebe der Familie, natürlich den drei Enkeln und vier Urenkeln und vor allem seiner Frau, mit der er am 12. Oktober 1989 das seltene Fest der Diamantenen Hochzeit feiern konnte. Ihr Tod wenige Jahre danach war daher ein Schlag, von dem er sich niemals so richtig erholte. Ludwig Gärtner selbst starb am 23. September 1996 im Alter von 89 Jahren. Mit ihm ging nicht nur ein unerschöpfliches Geschichtsbuch verloren, sondern vor allem ein wunderbarer Mensch.

Überblick

1907	Geboren auf der Rheinau
1914	Einschulung in die Rheinauschule
1922	Polierlehre bei der Baufirma Marzenell
1922	Eintritt in die Freien Turner und den Arbeitersängerbund
1925	Auftritt als Leichtathlet zur Einweihung des Stadions Frankfurt
1928	Mitglied im Reichsbanner Schwarz-Rot-Gold
1929	Heirat mit Elisabeth, geborene Kaiser
1933	Entlassung aus politischen Gründen
1936	Eingezogen zur Organisation Todt
1945	Amerikanische Kriegsgefangenschaft
1972	Ruhestand
1987	Ehrenmitglied der TSG Rheinau
1996	Tod im Alter von 89 Jahren

Karl Vogel

(1907-1989)

Mitglied ab 1922, Fußballer in den zwanziger Jahren, Jugendbetreuer in den sechziger, Hauptkassier in den siebziger, Ehrenmitglied 1987

Karl Vogel trat 1922 mit 15 Jahren dem Arbeiter-Turn- und Sportverein bei und war Ende der zwanziger Jahre als Fußballer der Ersten Mannschaft aktiv. Auch in der politischen Organisation der Arbeiterbewegung, der sozialdemokratischen Partei, war er von Jugend an engagiert. Nach dem Krieg stellte er sich als Funktionär in den Dienst des Vereins und war unter anderem über zehn Jahre lang als Hauptkassier tätig. 1987 wurde er Ehrenmitglied der TSG.

Die Vogels stammen eigentlich aus Unterfranken. Um die Jahrhundertwende war Karl Vogels Vater Heinrich (1885-1923) nach Mannheim gekommen und hatte hier seine aus Sinsheim stammende Ehefrau (1887-1964) kennengelernt. Die Eltern wohnten in der Dammstraße

Karl Vogel

in der Neckarstadt. Hier erblickte Karl Vogel am 22. Dezember 1907 das Licht der Welt. Als der Vater Betriebsschlosser bei der Sunlicht wurde, zog die Familie 1910 auf die Rheinau, zunächst in die Karlsruher Straße 40, 1913 in das Haus Nr. 2 und ein Jahr drauf in das Haus Nr. 6 – jeweils eine Stufe komfortabler.

Gleichwohl war die Zeit alles andere als komfortabel. Im gleichen Jahr begann der Erste Weltkrieg. Vom Fenster der elterlichen Wohnung in der Karlsruher Straße konnte der kleine Karl die auf der Rheintalbahn vorbei fahrenden Züge sehen, aus deren Fenster Soldaten mit Blumen in den Gewehren auf der Fahrt an die Westfront fröhlich winkten. Dass die Realität ganz anders, grausamer aussah, musste auch Karl Vogel erleben: Der Vater wurde durch einen Granatsplitter ins Kleinhirn schwer verwundet und erschoss sich nach jahrelangen Leiden 1924 selbst. Da der Familie der Ernährer fehlte, wurde Karl Vogel während des Ersten Weltkrieges zu Verwandten des Vaters nach Bayern verschickt. Als er nach längerer Abwesenheit in die Rheinauschule – damals übrigens im heutigen Kinderheim in der Relaisstraße untergebracht – zurück kehrte, begrüßte ihn der Lehrer mit den Worten: „Die Zugvögel kommen wieder".

Am 10. April 1922 begann Karl Vogel eine Lehre in der Schreinerei Hartmann in der Karlsruher Straße, einem Betrieb mit immerhin 14 Gesellen. 1925 machte er seinen Gesellenbrief und 1938 seinen Meister. 1933 konnte er sich eines der damals noch seltenen Motorräder leisten, was natürlich auch die Mädchen

Mit 35 Jahren.

mächtig beeindruckte. Auf diese Art lernte er auch die junge Cäcilie Kienzler kennen. Gemeinsam unternahmen sie ausgedehnte Spritztouren ins Neckartal. 1939 wurden die Beiden von Gemeindesekretär Weyrich im Rheinauer Rathaus standesamtlich getraut und nahmen eine gemeinsame neue Wohnung in der Mutterstadter Straße 36. 1941 wurde Tochter Edith geboren.

Eine unbeschwerte Zeit war es gleichwohl nicht. 1933 war der Arbeiter-Turn- und Sportverein verboten worden. Hier war Karl Vogel bereits als 15-Jähriger 1922 Mitglied geworden. Ende der zwanziger Jahre war er Angehöriger der Ersten Fußballmannschaft. Gemeinsam mit Max Nagel bildete er ein erfolgreiches Duo, bis ein Unfall im Spiel gegen Heidelberg 1930 seine aktive Spielertätigkeit beendete: Ohne Fremdeinwirkung war er über das Spielfeldgeländer gerutscht und hatte sich dabei das Knie schwer verletzt. Über Wochen hinweg lag er im Krankenhaus. Sein Chef, Schreinermeister Hartmann drohte mit Entlassung, sollte er mit dem aktiven Fußballspiel nicht aufhören.

Im Frühjahr 1933 schließlich erlebte Vogel mit, wie eine grölende SA-Horde ins Vereinslokal stürmte und dem Fußball-Abteilungsleiter Willi Kaiser, dem die Tränen in den Augen standen, triumphierend das Auflösungsdekret unter die Nase hielt. Viele Freunde Vogels aus dem Verein, unter anderem Herbert Weber sowie die Brüder Hans und Georg Grosser, wurden verfolgt. Aber es sollte noch schlimmer kommen: Von seiner Wohnung in der Karlsruher Straße 6 aus musste er hilflos beobachten, wie während der Reichskristallnacht vom 9. November 1938 die Wohnung eines betagten jüdischen Nachbarn geplündert, seine Bibliothek aus dem Fenster geworfen und er selbst schwer misshandelt wurde.

Am 8. Februar 1942 wurde Karl Vogel eingezogen, war als Angehöriger des Sicherungsregiments in Frankreich zur Bewachung von Gleisanlagen und Elektrizitätswerken um Paris und Rouen eingesetzt. Auf dem Rückzug vor der alliierten Invasion geriet er am 2. Mai 1945 in Mölln in englische Gefangenschaft, wurde jedoch bereits am 29. August 1945 wieder entlassen. Als er in seine Wohnung in die Mutterstadter Straße 36 zurück kehren wollte, war sie jedoch von Amerikanern requiriert. In einer Notunterkunft in der Leutweinstraße fanden die Vogels ein Dach über dem Kopf.

Eine neue Stelle fand Vogel bei der Schreinerei Heberer, spielte jedoch damals bereits mit dem Gedanken, sich selbstständig zu machen. Zum Grundstock des eigenen Betriebes wurde die neun mal vier Meter große Stahlblechhalle, die Karl Vogel kaufte und in der Otterstadter Straße neben der Glaserei Franz & Röppcke aufstellte. Als die Schlosserei Altenbach in der Relaisstraße 46 Grundstück und Werkstatt aufgab, kaufte Karl Vogel beides für ganze 1580 Mark auf. Von der Stadt erwarb er zum Preis von sechs Mark pro Quadratmeter das Grundstück, allerdings unter der nur angesichts der damaligen Wohnungsnot zu verstehenden Bedingung, innerhalb von sechs Jahren ein Wohnhaus errichten zu müssen. 1959 baute Karl Vogel denn auch ein vierstöckiges Gebäude mit acht Wohnungen.

Mit sehr viel Fleiß – bis in die Nacht stand er anfangs am Hobel – baute er aus dem Nichts einen renommierten Schreinereibetrieb auf. Die Büroarbeit machte seine Frau. Er überlebte sämtliche Mitbewerber und richtete halb Rheinau ein – von den katholischen Kirchenbänken bis zu Auslagen der Geschäfte. So war er 1963 einer der ersten in Rheinau, die sich eine schwarz lackierte Mercedes-Limousine leisten konnten. Für die TSG jedoch, deren Hauptkassier er von 1964 bis 1975 war, erledigte er viele Schreinerarbeiten unentgeltlich. Mit 65 Jahren ging er 1972 in den Ruhestand und verpachtete seinen Betrieb.

Auch nach seinem Ruhestand amtierte er zunächst als Hauptkassier der TSG weiter. Legendär war sein kleines Taschenkalendergroßes Kassenbuch. Oftmals butterte er Mittel aus eigener Tasche in den Verein, den er auch nach seinem Ausscheiden aus dem Amt mit großzügigen Spenden unterstützte. 1987 wurde er zum Ehrenmitglied der TSG ernannt. Bis zuletzt nahm er an den Veranstaltungen der TSG und des SPD-Ortsvereins teil. Nachdem seine Ehefrau Cäcilie, von ihm liebevoll Cellie genannt, 1984 nach 45 Ehejahren gestorben war, war auch sein Lebenswille angeknackst. Ab Ende der achtziger Jahre lebte er in einem Pflegeheim in Ludwigshafen. Hier starb er am 23. Februar 1989 im Alter von 81 Jahren.

Die Beisetzung auf dem Rheinauer Friedhof geriet zu einer Versammlung vieler alter Rheinauer. Der evangelische Pfarrer Karl-Heinz Bothe würdigte besonders Vogels Engagement für die Gesellschaft in der Sozialdemokratischen Partei und den Vereinen. Für die Mannheimer SPD hob deren stellvertretender Kreisvorsitzender Jörg Ueltzhöffer hervor, dass Vogel, obwohl am Ende wohlhabender Geschäftsmann und Hausbesitzer, seine Herkunft aus dem Arbeiterstand nie vergessen und seiner SPD über 60 Jahre lang die Treue gehalten habe.

Überblick

1907	In Mannheim-Neckarstadt geboren
1910	Umzug nach Rheinau, Karlsruher Straße 40
1914	Einschulung in die Volksschule
1922	Schreinerlehre bei der Firma Hartmann
1922	Eintritt in die Freien Turner und die Sozialistische Arbeiterjugend
1923	Tod des Vaters
1924	Gesellenprüfung als Schreiner
1928	Eintritt in die SPD
1930	Sport-Unfall, Ende der Laufbahn als Fußballer
1938	Meisterprüfung als Schreiner
1939	Hochzeit mit Cäcilia, geborene Kienzler
1941	Geburt von Tochter Edith
1942	Eingezogen zur Wehrmacht nach Frankreich
1945	Englische Kriegsgefangenschaft in Mölln
1945	Wiedereintritt in die SPD
1959	Bau eines vierstöckigen Wohnhauses in der Relaisstraße 46
1964	Hauptkassier der TSG (bis 1975)
1972	Verpachtung der Schreinerei
1976	2. Vorsitzender
1984	Tod der Ehefrau Cäcilie
1987	Ehrenmitglied der TSG Rheinau
1989	Verstorben im Alter von 81 Jahren

Willi Barth

(1913-1984)

In den fünfziger und sechziger Jahren Vereinsjugendleiter und Leiter der Fußball-Abteilung, 1972 Ehrenmitglied und 1973 Ehren-Jugendleiter

Willi Barth war eine der prägenden Gestalten des Vereins in den fünfziger und sechziger Jahren. Er war Vereinsjugendleiter und Leiter der Fußball-Abteilung. Bereits in den zwanziger Jahren war er als Jugendspieler aktiv. Für seine Verdienste um die Nachwuchsarbeit wurde er 1972 zum Ehrenmitglied und 1973 zum Ehren-Jugendleiter der TSG ernannt.

Geboren wurde er am 3. Februar 1913 als Wilhelm Barth auf dem Rohrhof. Von 1919 bis 1927 besuchte er die Volksschule auf der Rheinau, von 1927 bis 1931 die Gewerbeschule in Mannheim[1]. Bereits mit dem siebten Lebensjahr[2], also 1921, trat er der Turnabteilung des damaligen Arbeiter-Turn-und Sportvereins Rheinau bei. Sechs Jahre lang, Woche für Woche, Trepp auf und Trepp ab, trug er in dieser Zeit auch die Verbands-Zeitung an die Mitglieder aus. Diese „Badisch-Pfälzische Arbeitersport-Zeitung" war bereits wie eine moderne Sportzeitung aufgemacht. Eine Vergütung für dieses Austragen erhielt der junge Willi natürlich nicht.

Willi Barth

Abgesehen vom Turnen spielten er und seine Freunde damals mit allem, was rund war, Fußball. Die Begeisterung kannte schon damals keine Grenzen, wenn auch das Fußballspiel noch eher einem wilden Herumspringen glich. Und so bestürmten die Jungens ihren Klassenlehrer, eine Klassenfußballmannschaft zu gründen, und dieser war von dieser Idee durchaus angetan. Der Verein zeigte großes Interesse für den Schülerfußball, und so war es kein Wunder, dass aus der Schulklassen-Mannschaft bald eine Schülermannschaft des Vereins wurde. 1925 war das, und Willi Barth, damals zwölf Jahre alt, wurde Spielführer dieser Mannschaft. Zwei Jahre später verfügte der Verein bereits über zwei Schülermannschaften und einen pädagogisch durchaus einfühlsamen Schülerleiter. Mit 14 Jahren, also 1927, wurde Barth Jugendspieler und fiel mit seiner spielerischen Begabung bald auf. In allen Begegnungen, die von Bedeutung waren, wurde er eingesetzt.

Im zarten Alter von 14 Jahren wurde er jedoch auch erstmals Funktionär, und zwar Zweiter Schriftführer der Fußball-Abteilung. Bereits in jungen Jahren lernte er somit die Verwaltungsarbeit in einem Verein bestens kennen.

Als der Arbeiter-Turn- und Sportverein 1933 aufgelöst wurde, trat Barth gemeinsam mit dem Großteil der aktiven Fußballer zum FC Alemannia über. Dort übernahm er das Amt des Ersten Schriftführers und 1937 auch noch die Jugendleitung; beide Ämter hatte er bis 1945 inne. In den Krieg ziehen musste Barth nicht, denn ein schwerer Unfall hatte zu einer Rückgrat-Verkrümmung geführt. So hatte er die Chance, sich auch für einen anderen Verein, in dem er Mitglied war, bleibende Verdienste zu erwerben: für den Männergesangverein 1896 Rheinau.

Bereits 1940 war in einem Vorstandsbeschluss des MGV ausdrücklich festgelegt worden, dass Willi Barth die Arbeit dieses Vereins weiter führen solle, sobald alle anderen Vorstandsmitglieder im Felde sind. Und so kam es dann auch. Barth managte die Singstunden, bis diese auf Grund der unerträglich werdenden Luftangriffe im August 1944 völlig eingestellt werden mussten. Es war seine bleibende Leistung, den Verein über den Krieg und auch über die wirre Nachrkiegszeit zu retten. Denn auch die Wiederzulassung des 1945 von den Amerikanern verbotenen Männergesangvereins

Willi Barth (Zweiter von links) als stolzer Teilnehmer des Jubiläumsumzuges „50 Jahre TSG" 1951 in der Relaisstraße.

1896 war sein Erfolg. Grund: Neben der deutschen Staatsbürgerschaft besaß er auch einen Pass der Französischen Republik, also eines der vier Alliierten. So machte sich Barth im September 1945 zur US-Militärregierung in den damaligen UFA-Palast (heutiges Horten-Gebäude) auf und erreichte die Genehmigung von Singstunden in der Gaststätte „Zum Rheinauhafen".

Schwerpunkt seines Wirkens blieb jedoch der Sport. Als nach dem Kriege als gemeinsame Nachfolgerin von Alemannia und Arbeiter-Turn- und Sportverein die „SG" gegründet wurde, übernahm er wiederum die Jugend. Nebenbei war er Technischer Leiter der Fußball-Abteilung und daher maßgeblich an deren Erfolgen beteiligt, so etwa der Meisterschaft der Bezirksliga 1948..

Nachdem 1950 die „SG" 1950 aufgelöst und die TSG gegründet wurde, formte Barth als Vereins-Jugendleiter aus den Kindern und Jugendlichen aller Sparten eine fest zusammen haltende Gemeinschaft. 1953 übernahm er erneut die Fußball-Abteilung; noch im selben Jahr schaffte die Erste Mannschaft den Aufstieg in die Zweite Amateurliga. Einen weiteren Höhepunkt bildete die Saison 1956/57: Als Anerkennung für das Engagement und die Leistung der A-Jugend gründete Barth das Heinrich-Frey-Gedächtnisturnier für A-Jugendmannschaften, das auch außerhalb Mannheims zum Begriff wurde und 15 Jahre lang bestand. 1961 gab er die Fußball-Abteilung und 1964 auch die Jugendleitung ab.

1964 war er nämlich in den engeren Vorstand des Gesamtvereins aufgerückt: Er wurde stellvertretender Vorsitzender und Technischer Leiter. Doch als die Fußball-Abteilung 1968 in eine Krise geriet und der Abstieg in die A-Klasse bereits absehbar war, musste Willi Barth wieder ran und übernahm ihre Leitung noch einmal bis 1971.

Barth war im Jubiläumsverein insgesamt 44 Jahre lang Funktionär. Für seine Verdienste um den Fußball erhielt er 1961 die Ehrennadel des Badischen Fußballverbandes in Gold. Sein eigener Verein zeichnete ihn für seine Verdienste um die Jugendarbeit 1965 mit der Vereinsnadel in Gold sowie 1972 mit der Ehrenmitgliedschaft aus und ernannte ihn im Dezember 1973 zum Ehren-Jugendleiter.

Bei alledem verlor der kämpferische Mann nie den Blick für die Realitäten: „Dank im Sport kann es nicht geben, sondern nur eine harte und große Überzeugung", schrieb er 1971. „Die Freude hat das Leid übertroffen, helle Stunden überstrahlen die dunklen Stunden. Ich bereue heute nach 50 Jahren keine Minute, dass ich für den Fußballsport mein ganzes Leben gegeben habe", lautete die Bilanz seines Lebens. Willi Barth starb hoch geachtet am 16. Juli 1984 mit 71 Jahren.

Seine Überzeugung und sein Engagement übertrug sich auf seinen Sohn Rainer, der in den siebziger Jahren bei der TSG und in den achtziger Jahren beim Sportclub Pfingstberg-Hochstätt als Jugendleiter wirkte.

Überblick

1913   Geboren auf dem Rohrhof
1921   Eintritt in den Arbeiter-Turn- und Sportverein Rheinau
1925   Spielführer der Schüler-Fußballmannschaft
1927   Zweiter Schriftführer der Fußball-Abteilung
1933   Schriftführer des FC Alemannia Rheinau
1937   Jugendleiter des FC Alemannia
1945   Jugendleiter der SG Rheinau
1946   Technischer Leiter der SG
1950   Vereins-Jugendleiter der TSG
1953   Leiter der Fußball-Abteilung
1961   Goldene Ehrennadel des Badischen Fußballverbandes
1964   Stellvertretender Vorsitzender der TSG
1968   Erneut Leiter der Fußball-Abteilung
1971   Abgabe aller Ämter
1972   Ehrenmitglied der TSG
1973   Ehren-Jugendleiter der TSG
1984   Gestorben mit 71 Jahren

Boris Bockelmann

(1928-1997)

In den fünfziger Jahren aktiver Fußballer, 1958-1963 Vereinsvorsitzender, 1984-1995 Verbandspräsident

Boris Bockelmann begann seine sportliche Laufbahn Ende der vierziger Jahre als aktiver Fußballer der damaligen SG. 1957 war er Mitbegründer der Traditionsmannschaft „Grüne Jäger". Von 1958 bis 1963 amtierte er als Vorsitzender der TSG. Über die Grenzen Mannheims bekannt wurde er 1970 bis 1995 als Vizepräsident und Präsident des Badischen Fußballverbandes.

Geboren wurde Boris Bockelmann am 1. April 1928. Seit seiner Jugendzeit war er dem Fußballsport eng verbunden. Seine Laufbahn als aktiver Spieler begann er 1947 mit 19 Jahren bei der damaligen SG. 1957 war er Mitbegründer der Traditionsmannschaft „Grüne Jäger". Seit 1956 bereits stellvertretender Vorsitzender der TSG, wurde er am 4. Juni 1958 an ihre Spitze gewählt. 1963 gab er sein Amt auf und verließ kurzzeitig die sportlichen Wege: Er wurde Mitbegründer des Ersten Rheinauer Carnevalvereins „Die

Boris Bockelmann

Sandhase" und deren erster Vorsitzender. Und er war ein ausgezeichneter Sitzungspräsident; legendär, wie er mit seinen Initialen „BB" kokettierte und damit auf die damals auf dem Höhepunkt ihres Ruhmes stehende Brigitte Bardot anspielte.

1964 kehrte er zum Sport zurück, wurde Vorsitzender des Fußballkreises Mannheim. 1970 schließlich rückte er zum Vizepräsidenten des Badischen Fußballverbandes auf und wirkte fortan 15 Jahre als rechte Hand des Verbandspräsidenten Fritz Meinzer. In der Öffentlichkeit nahezu unbekannt war seine berufliche Tätigkeit: Seit 1970 war er im Studentenwerk Mannheim tätig, seit 1979 als dessen stellvertretender Geschäftsführer. 1989 ging er in den Ruhestand.

Während dessen machte er im Verband Karriere: Nach dem Tode

Fritz Meinzers 1984 wurde er zum Präsidenten gewählt und blieb es elf Jahre lang. 1989 zog er als erster Funktionär des Badischen Fußballverbandes sogar in den Bundesvorstand des DFB ein[1]. Bockelmanns Lebenswerk war der Ausbau der Sportschule Schöneck zu einem ebenso attraktiven wie allen Arbeits-Anforderungen genügenden Institut. Für Tausende von aktiven Sportlern und ehrenamtlichen Funktionären wurde sie sowohl gesellige Heimstatt als auch Schulungsstätte. Rund 23 Millionen Mark wurden in Bockelmanns Amtszeit in die Einrichtung auf dem Durlacher Turmberg investiert. Angesichts eines Tagessatzes von zuletzt 52 Mark für Vollpension und Benutzung aller Anlagen blieb sie ungeachtet dessen für Aktive und Ehrenamtliche mehr als erschwinglich[2]. Für seine Verdienste um den Sport wurde Boris Bockelmann mit dem Bundesverdienstkreuz ausgezeichnet.

Im Mai 1994 erlitt Bockelmann einen Herzinfarkt, der eine Operation notwendig machte. Dabei traten Komplikationen auf, von denen er sich erst Ende des betreffenden Jahres wieder erholt hatte[3]. Im Januar 1995 kündigte er daher seinen Rückzug vom Präsidentenamt an. Im Juli 1995 wurde erwartungsgemäß sein bisheriger Stellvertreter, der Karlsruher Fußball-Kreisvorsitzende Gerhard Seiderer, zu seinem Nachfolger gewählt. Bockelmann selbst wurde zum ersten Ehrenpräsidenten des Badischen Fußballverbandes ernannt[4], blieb jedoch Mitglied im DFB-Bundesvorstand[5]. Dieses und andere Ehrenämter übte er auch weiterhin aus. Von seiner Herzo-

Boris Bockelmann (der erste Knienende von links) als Aktiver der Traditionsmannschaft „Grüne Jäger" 1959.

peration erholte er sich zunehmend und fühlte sich auch wieder sichtlich wohl; ich selbst erinnere mich an ein lockeres Gespräch beim Sommerfest des Musikkorps Kurpfälzer Schlossgarde auf dem Rheinauer Marktplatz im August 1996; wir unterhielten uns über die gerade stattgefundene Fußball-EM in London, an der Bockelmann als DFB-Vorstandsmitglied teil genommen hatte[6].

Ein heimtückisches Krebsleiden zwang ihn dann jedoch im Frühjahr 1997 drei Wochen lang ans Krankenbett[7]. Nach kurzem, schwerem Leiden starb Bockelmann am 24. April 1997 im Alter von nur 69 Jahren. Die Trauerfeier fand am 29. April 1997 in der Trauerhalle des Mannheimer Hauptfriedhofs statt. Charakteristisch für ihn war, dass er ausdrücklich verfügt hatte, statt Kränzen Spenden für die Mexico-Hilfe des DFB zu leisten.

Im Namen der 200.000 Mitglieder aus 600 Vereinen erklärte der Präsident des Badischen Fußballverbandes, Gerhard Seiderer: „Die Nachricht vom plötzlichen Tod hat uns sehr betroffen gemacht, denn sein freundliches Wesen, sein Erfahrunsgschatz und die angenehme Zusammenarbeit werden wir sehr vermissen. Wir werden unseren Ehrenpräsidenten in guter Erinnerung behalten und sind gleichzeitig auch dankbar dafür, dass er so lange für uns Fußballer wirken konnte."[8]

Überblick

1928	Geboren
1947	Fußballspieler bei der SG Rheinau
1956	Stellvertretender Vorsitzender der TSG
1957	Mitbegründer der „Grünen Jäger"
1963	Rücktritt und Engagement bei den „Sandhase"
1964	Vorsitzender des Fußballkreises Mannheim
1970	Vizepräsident des Badischen Fußballverbandes
1984	Präsident des Verbandes
1989	Mitglied des Bundesvorstandes des DFB
1995	Ehrenpräsident des Verbandes
1997	Verstorben im Alter von 69 Jahren

Boris Bockelmann (r.) 1996 mit dem damaligen Minister und heutigen Präsidenten des Deutschen Fußballbundes, Gerhard Mayer-Vorfelder (m.), und Rheinaus Stadtrat Rolf Schmidt.

Max Nagel

(Jahrgang 1949)

In den sechziger Jahren Jugendleiter, in den siebziger Jahren Schiedsrichter.

Schon der Vater, der den selben Vornamen trug wie er, war aktiver Fußballer bei der TSG, der Großvater sogar deren Vorsitzender. Der Nachwuchs tat es ihnen gleich: Bereits als Schüler kickte er für die TSG, war später selbst knapp drei Jahre Jugendleiter des Vereins, machte 1968 den Schiedsrichterschein bei Oskar Blum, mit dem er Fußballspiele der Verbandsliga pfiff. Heute kennt man Max Nagel jedoch durch andere Ämter: Als Vorsitzender des Deutschen Gewerkschaftsbundes in Mannheim und Landtagsabgeordneter.

Geboren wurde Max Nagel als jüngerer zweier Söhne des Schlossers Max Nagel und dessen Frau Maria, geborene Meyer, am 31. Oktober 1949. Die Eltern wohnten auf der Rheinau, in der Stengelhofstraße 4, dem Haus des bekannten Metzgers Philipp Fischer, Ende der zwanziger Jahre Vorstandsmitglied des Arbeiter- Turn- und Sportvereins. Die Vorfahren der Nagels stammten aus Hamburg: von dort war der Großvater im Zuge der Industrialisierung Ende des 19. Jahrhunderts in die Kurpfalz gezogen; 1913 kam die Familie auf die Rheinau. Der Vater, Jahrgang 1907, machte eine Schlosser-Lehre im OEG-Umspannwerk an der Rhenaniastraße und war dann 40 Jahre bei der Suberit; er starb 1981. In den zwanziger Jahren war er aktiver Fußballer.

Max Nagel

1956 wurde der kleine Max in die Rheinauschule eingeschult, unterrichtet von den Lehrern Höfer, Eilerts, Martin, Burk, Armbruster und Ziegler sowie dem Rektor Valentin Gremm. 1964 wechselte er auf die Höhere Handelsschule am Tattersall, die er 1967 mit der Mittleren Reife abschloss. Danach begann er bei der Firma Reinhold & Mahla eine Lehre als Industriekaufmann, die er 1969 mit dem Kaufmannsgehilfenbrief abschloss. Danach blieb er – unterbrochen nur durch den Wehrdienst bei der Panzerartillerie in Bayreuth 1970/71 – bis Mitte 1974 bei diesem Unternehmen für Wärme- und Kälteschutz, dessen Prunkstück das Zeltdach für die Olympischen Sommerspiele in München 1972 war.

Bereits bei dieser Firma war Nagel gewerkschaftlich aktiv, zunächst als Jugendvertreter, später als Betriebsrat. Immerhin hatte bereits sein Großvater mütterlicherseits um die Jahrhundertwende die Mannheimer Metzgergesellen gewerkschaftlich organisiert.

Max Nagels Vater: Max Nagel.

1974 wurde Nagel hauptamtlicher Jugendsekretär der Deutschen Angestellten-Gewerkschaft (DAG). Von 1978 bis 1983 war er Chef des DAG-Bezirks Mannheim mit 8500 Mitgliedern.

Anfang 1983 wechselte Nagel zur IG Metall als Gewerkschaftssekretär für Organisation, Betriebsbetreuung und Angestelltenarbeit. Am 23. September 1985 wurde er zum Vorsitzenden des Deutschen Gewerkschaftsbundes Mannheim gewählt, damals mit 113.000 Mitgliedern der neuntgrößte DGB-Kreisverband Deutschlands.

Dem gewerkschaftlichen Engagement folgte schon mit 18 Jahren 1967 der Eintritt in die SPD, deren Rheinauer Ortsverein seine Mutter Maria 1945 neu begründet hatte. 1989 wurde Nagel als Stadtrat für Rheinau Mitglied des Mannheimer Gemeinderates, 1992 als Abgeordneter des Wahlkreises Mannheim-Nord Mitglied des Landtages von Baden-Württemberg. Zuletzt wurde er im März 2001 mit fast 48 Prozent als Abgeordneter wieder gewählt und im Landtag Vorsitzender des wichtigen Innenausschusses.

Seine aus dem Schwarzwald stammende Ehefrau Marlies, von Beruf Arztsekretärin, lernte Nagel 1975 bei einer Gewerkschaftsveranstaltung kennen. Am 23. September 1977 wurden die beiden von Pfarrer Johannes Schurr in der evangelischen Pfingstbergkirche getraut. Sohn Mathias hat das Interesse des Vaters für Sport geerbt und kickte Ende der achtziger Jahre beim SC Pfingstberg-Hochstätt – aus Gründen der Nähe, denn die Familie wohnt im Casterfeld-Nord.

Max Nagels eigene sportliche Figur hat mittlerweile etwas unter seinem Hobby gelitten: Denn seine rare Freizeit verbringt er unter anderem als begeisterter Hobby-Koch, wobei sein Faibel der italienischen Küche und den dortigen Weinen gehört.

Überblick

1949	Geboren und aufgewachsen auf der Rheinau
1956	Einschulung in die Rheinau-Schule
1964	Höhere Handelsschule Mannheim
1967	Lehre als Industriekaufmann bei Reinhold & Mahla
1967	Eintritt in die SPD
1968	Prüfung als Fußball-Schiedsrichter
1970	Wehrdienst in Bayreuth
1974	Hauptamtlicher Jugendsekretär der DAG
1977	Hochzeit
1978	Leiter des DAG-Bezirks Mannheim
1983	Gewerkschaftssekretär der IG Metall Mannheim
1985	Kreisvorsitzender des DGB Mannheim
1989	Stadtrat
1992	Mitglied des Landtags von Baden-Württemberg
2001	Vorsitzender des Landtags-Innenausschusses

Maurizio Gaudino

(Jahrgang 1966)

In den siebziger Jahren Jugend-, in den achtziger und neunziger Jahren Bundesliga- und Nationalspieler

Der weltweit bekannteste Spross des Jubiläumsvereins ist Maurizio Gaudino. Der heute 35-jährige Fußball-Star begann seine Karriere in der Jugendfußballmannschaft der TSG Rheinau und bekennt sich auch heute noch mit großem Stolz dazu; auf seinen Autogrammkarten steht als Stammverein ganz klar: "TSG Rheinau".

Geboren wurde Maurizio Gaudino am 12. Dezember 1966. Bereits als kleiner Junge kam er mit seinen Eltern auf die Rheinau und wuchs im Haus Dänischer Tisch Nr. 16 auf. In der Rheinauschule drückte er die Schulbank, unter anderem bei dem legendären Rektor Valentin Gremm. Danach begann er eine Lehre als Kraftfahrzeugmechaniker, schon damals Ausdruck seiner Liebe zu Autos.

Bereits in seiner Jugend spielte Mauri, wie er genannt wurde, Fußball. Er begann in der E-Jugend der TSG-Rheinau, weil der Verein in jenem Jahr über keine F-Jugend verfügte. In der Saison 1975/76 wurde er mit der E-Jugend I Staffelsieger[1]. Otto Schweizer, Günter Winterkorn und Josef Düsi heißen die Trainer und Betreuer, denen er nach eigener Aussage am meisten verdankt[2].

Bald erkannte der SV Waldhof Mannheim sein Talent. Von 1980 bis 1984 spielte Gaudino zunächst in der dortigen Jugend, danach bis 1987 mit der Ersten Mannschaft in der Bundesliga, in die der Waldhof 1983 aufgestiegen war. Hier traf er zwei andere Talente: Jürgen Kohler und Guido Buchwald. Für den Waldhof absolvierte Gaudino 60 Bundesliga-Spiele mit neun Toren[3].

Im Juli 1987 wechselte Gaudino zum VfB Stuttgart, wurde zum idealen Partner von Matthias Sammer im Mittelfeld und

Maurizio Gaudino

mit dieser Mannschaft 1992 Deutscher Fußballmeister. Dass er mit seinen zarten 21 Jahren in einem Ferrari umherkurvte, sorgte in der biederen Schwaben-Metropole für erheblichen Gesprächsstoff. Insgesamt absolvierte Gaudino für den VfB Stuttgart in der Bundesliga 171 Spiele und schoss dabei 30 Tore[4].

1993 wechselte Gaudino für 3,5 Millionen Mark zu Eintracht Frankfurt[5], war dort als Mittelfeldspieler und Teil eines "magischen Dreiecks" mit Uwe Bein und Yeboah ausgesprochen erfolgreich: Eintracht blieb zwölf Wochen lang an der Spitze der Tabelle. Zur Krise kam es im April 1994, als die Eintracht ihren Kapitän und Torhüter Uli Stein feuerte. Im entscheidenden Gespräch in der Kabine war Gaudino der Einzige gewesen, der zu Stein gehalten hatte, fiel dadurch beim Management allerdings in Ungnade. Einen erwarteten Wechsel nach Kaiserslautern blockierte Trainer Jupp Henyckes denn auch – trotz einer im Gespräch befindlichen Ablösesumme von sechs Millionen Mark[6]. Die Ereignisse spitzten sich zu, als Gaudino sich gemeinsam mit Yeboah im Dezember 1994 weigerte, im Spiel gegen Hamburg anzutreten. Dies führte zu Gaudinos Sus-

Maurizio Gaudino (kniend Zweiter von rechts) als Aktiver der TSG-E-Jugend 1975. Seine Mannschaftskameraden (stehend): Th. Groß, N. Hillenbrand, H.-J. Winterkorn, Ch. Wyrobisch, F. Fioranelli, A. Bäuchlein, N. Alloca, (kniend) St. Ludwig, V. Alloca, U. Gibis, M. Schlüßler, M. Werner, M. Mückenmüller. Hinten Trainer Winterkorn und Betreuer Fioranelli.

Maurizio Gaudino als Spieler des SV Waldhof Mannheim in den achziger Jahren.

pendierung. Für die Eintracht hatte Gaudino bis dahin 43 Bundesligaspiele absolviert und sieben Tore geschossen.

Doch es kam noch dicker. Am Abend des 14. Dezember 1994 wurde Maurizio Gaudino nach einem Interview mit Thomas Gottschalk in der "Late Night Show" im RTL-Studio in München verhaftet. Gutgläubig wie er ist, war er durch falsche Freunde in eine üble Sache hinein geschliddert: Versicherungsbetrug im Zusammenhang mit angeblichen Autodiebstählen. Vor Gericht zeigte sich Gaudino reumütig, Anfang 1996 wurde er zu zwei Jahren auf Bewährung und 180.000 Geldstrafe verurteilt[7].

Schlagzeilen machte denn auch nicht das milde Urteil, sondern das, was das Nachrichtenmagazin "DER SPIEGEL" daraus machte. "Mannheim-Rheinau ist das Armenviertel der Stadt[8]", hieß es dort, und noch schlimmer: "Der Stadtteil gilt als ein Zentrum des organisierten Verbrechens in Deutschland. Und dass nicht alle Anwohner allein auf den Arbeitslohn angewiesen sind, lassen die zahlreichen am Straßenrand abgestellten Porsches und Ferraris vermuten." In Mannheim erhob sich ein Sturm der Entrüstung, Stadtrat Winfried Höhn erstattete gegen den SPIEGEL Strafanzeige wegen

Volksverhetzung, die natürlich im Sande verlief.

Nach einem Zwischenspiel in der ersten englischen Liga bei Manchester City und in der mexikanischen Ersten Liga kehrte Gaudino für eine Saison (1996/97) zur Eintracht zurück, für die er nun in der Zweiten Liga spielte. 1997 bereits wechselte er zum FC Basel. Ziel des Vereins: Qualifikation für den Uefa-Cup. Es kam ganz anders. Nach einer Serie von Niederlagen spielte der Verein gegen den Abstieg, wurde Trainer Jörg Berger entlassen, Gaudino auf die Ersatzbank verbannt[9]. Klar, dass er die erstbeste Chance nutzte, den Vertrag zu lösen.

1998/99 spielte er wieder in der deutschen Bundesliga: Bochum verpflichtete ihn im Mai 1998 als Ersatz für Spielmacher Darius Wocz, der zur Berliner Hertha gewechselt war[10]. Im Jahr 2000 wechselte er zum türkischen Erstligisten Antalyaspor[1].

Gaudino bestritt insgesamt 274 Bundesliga-Einsätze mit 46 Toren sowie fünf Länderspiele mit der deutschen Nationalmannschaft[12], unter anderem bei der Weltmeisterschaft in den USA 1994, bei der die Deutschen allerdings bereits im Viertelfinale ausschieden. Der frühere Bundestrainer Berti Vogts bezeichnete ihn als einen "von Gott begnadeten Spieler"[13].

Überblick:

1966 Geboren auf der Rheinau
1973 Einschulung in die Rheinauschule
1975 E-Jugend der TSG
1976 Staffelsieger mit der E-Jugend
1980 Jugendmannschaft des SV Waldhof
1984 Bundesliga-Mannschaft des SV Waldhof
1987 Wechsel zum VfB Stuttgart
1992 Deutsche Meisterschaft mit dem VfB Stuttgart
1993 Wechsel zu Eintracht Frankfurt
1994 Konflikt mit Eintracht Frankfurt
1995 Wechsel zu Manchester City
1996 Rückkehr zu Eintracht Frankfurt
1997 Wechsel zum FC Basel
1998 Wechsel zum VfL Bochum
2000 Wechsel zum türkischen Erstligisten Antalyaspor

6. Statistik
Wer · Wann · Was

Die TSG im Jubiläumsjahr

Profil

Vereinanlage: 14.000 Quadratmeter eigener Boden am Rheinauer Ring
Vereinshaus: Großer Saal mit Kolonnaden, Gaststätte mit Biergarten, Nebenzimmer
Mitgliederzahl: 500
Liga-Sport: Erste Fußballmannschaft spielt in der Kreisliga A
Jugend: 200 Kinder und Jugendliche in F- bis B-Jugend
Privatmannschaften: TSG Juventus Rheinau (italienisch)
Gymnastik: Damengymnastik, Wirbelsäulen-Training, Koronarsport
Freizeitsport: Tischtennis-Abteilung
Kooperations-Vereine: Männergesangverein 1896 Rheinau, Shanty-Chor, Touristenverein „Die Naturfreunde" Ortsverein Rheinau, Skatclub Rheinau, Lebenshilfe für Geistigbehinderte

Personen

Vorsitzender: Peter Klug
Stellvertretender Vorsitzender: Werner Nüsgen
Schatzmeister: Hans Eisele

Leiter Abteilung Fußball: Bernd Maurer
Leiterin Abteilung Gymnastik: Jolande Ludwig
Leiterin Abteilung Gesundheitssport: Margot Eisele
Leiter Abteilung Tischtennis: Franz Lendl
Jugendleiter: Richard Szarpak
Stellvertretender Jugendleiter: Josef Düsi
Präsident der AH: Fritz Pfister

Mitglieder des Ältestenrates: Peter Gerteis, Kurt Laumann, Jolande Ludwig, Klaus Reifenberg, Kurt Schlienger.

Ehrenmitglieder: Hans Eisele, Kurt Laumann
Trainer Erste Fußballmannschaft: Peter Prior

Technischer Leiter: Richard Dykta
Vereinswirt: Peter Klug

Aktivitäten

Fußball:
Erste Mannschaft: Spiele jeweils Sonntagnachmittag.
Jugendmannschaften: F- bis B-Jugend. Training jeweils an einem festgelegten Wochentag.
AH: Training jeweils donnerstags, Spiele jeweils Samstagabend

Gymnastik:
Damen-Gymnastik: alle Altersstufen. Übungsstunden mittwochs 20 bis 21 Uhr
Wirbelsäulen-Gymnastik: freitags 19 bis 20 Uhr
Koronarsport (nach Herzinfarkt unter medizinischer Betreuung): mittwochs 18 bis 19 Uhr

Tischtennis: Übungsstunden freitags ab 15 Uhr

Vereinsgaststätte: täglich ab 10 Uhr bis 1 Uhr

Kontakt

Adresse des Vereins:
68219 Mannheim, Rheinauer Ring 99, Telefon 06 21 / 89 14 62, Fax 06 21 / 89 14 81
Vorstand: Peter Klug, Telefon 06 21 / 89 14 81
Fußball: Bernd Maurer
Gymnastik: Jolande Ludwig, Telefon 06 21 / 89 48 37
Gesundheitssport: Margot Eisele, Telefon 06 21 / 87 24 10
Tischtennis: Franz Lendl, Telefon 06 21 / 89 56 69
Gaststätte: Peter Klug, Telefon 06 21 / 89 14 62

Zeittafel

1901 (1. September) Vorgespräch zur Gründung des Vereins
1901 (22. September) Gründung im „Prinz Karl"
1906 Fusion der Arbeitervereine zu „Vorwärts" Rheinau
1908 Arbeiter-Turnverein wieder selbstständig
1910 Fahnenweihe
1911 Teilnahme am Kreisturnfest
1912 Beteiligung am Bundesturnfest in Nürnberg
1912 Gründung der Fußball-Abteilung
1914 Erster Weltkrieg, 33 Mitglieder fallen
1920 Victor Schläger Vereinsvorsitzender
1920 Eintrag ins Vereinsregister
1921 Gründung der Handball-Abteilung
1922 Fußballer werden Süddeutscher Meister
1922 Erwerb des Vereinsgrundstücks
1925 Errichtung der Turnhalle
1925 Pflanzung der Kastanienbäume durch Valentin Weber
1925 Karl König Vereinsvorsitzender
1927 Karl Scheit Vereinsvorsitzender
1928 Max Nagel sen. Vereinsvorsitzender
1929 Karl Hettinger Vereinsvorsitzender
1930 Heinrich Frey Vereinsvorsitzender
1933 Verbot der TSG durch die Nationalsozialisten
1945 Gründung der SG Rheinau, Heinrich Frey Vorsitzender
1947 Vizemeister der Bezirksliga (spätere II. Amateurliga)
1948 Meister der Bezirksliga, aber kein Aufstieg
1948 Wiedergründung des (A)TSV, Willi Kramer Vorsitzender
1949 Rückgabe der Anlage und 17.000 Mark Wiedergutmachung
1950 Handball-Mannschaft Herbstmeister und Aufsteiger
1950 Neugründung der „Turn- und Sportgemeinde Rheinau",
1950 Adolf Lier Vorsitzender
1951 Herbert Dechant Vereinsvorsitzender
1951 Abstieg der Fußballer aus der Bezirksliga in die Kreisklasse
1952 Gründung der Tischtennis-Abteilung
1954 Kreismeister der A-Klasse und Aufstieg in die II. Amateurliga
1954 Gründung der Traditionsmannschaft „Grüne Jäger"
1956 Ehrenvorsitzender Adolf Lier erneut Vereinsvorsitzender
1956 Tod des früheren Vorsitzenden Heinrich Frey
1957 Willi Bader Vereinsvorsitzender
1958 Gründung des Heinrich-Frey-Jugendturniers
1959 Boris Bockelmann Vereinsvorsitzender

1961 Gründung der Box-Abteilung durch Mühlum und Knoblauch
1962 Tischtennis-Star Josef Blössl stößt zur TSG
1963 Peter Raisch Süddeutscher Meister im Boxen
1963 Rudi Kindermann Vereinsvorsitzender
1963 Jakoby Badischer Meister im Bantam-Gewicht
1964 Bau der Flutlichtanlage und Renovierung des Vereinsheims
1964 Aufstieg der Tischtennis-Abteilung in die Verbandsliga
1965 Team-Gemeinschaft der Box-Abteilung mit dem KSV 1884 Mannheim
1965 Walter Morath Wirt der Vereins-Gaststätte
1968 Neuer Name der Gaststätte: „TSG Rheinau" statt „Turnhalle"
1968 Meister der A-Klasse und Aufstieg in die II. Amateurliga
1969 Abstieg aus der II. Amateurliga in die A-Klasse
1969 Bau des Faustballfeldes und des Kinderspielplatzes
1970 Auflösung der Tischtennis-Abteilung
1970 Nicht-Teilnahme am ersten Rheinauer Fußballpokal
1971 Auflösung der Handball-Abteilung
1971 Ausrichter und Sieger des zweiten Rheinauer Fußball-Pokals
1973 Gründung des Valentin-Kutterer-Jugendturniers
1973 Horst Ludwig Vereinsvorsitzender
1974 Neue Adresse: Rheinauer Ring 99 statt Heuweg 8-11
1976 75. Vereinsjubiläum
1977 Aufstieg in die neu geschaffene Bezirksliga
1977 Einführung der „Grün-Weißen Nacht"
1978 Gründung einer Damen-Fußball-Mannschaft
1980 Abstieg von der Bezirksliga in die Kreisliga A
1982 Michael Unrath Vorsitzender
1982 Abmeldung der Damen-Fußball-Mannschaft
1982 Wiederbegründung d. Tischtennis-Abteilung als Freizeitsport
1984 Renovierung der Gaststätte und des Saales
1985 Abmeldung der Box-Abteilung
1986 Geländetausch mit der Stadt Mannheim
1988 Milada Stückle Vereinsvorsitzende
1991 Richard Pfister kommissarischer Vorsitzender
1992 Peter Klug Vereinsvorsitzender
1994 Einweihung des Vereinsraums der Sänger
1994 Bau der Umkleideräume und Duschen
1997 Verpflichtung von Bernd Maurer als Trainer
1998 Verlegung der Fernwärme auf der Vereinsanlage
1998 Abstieg in die Kreisliga B
1999 Vereinschef Peter Klug Wirt der Vereins-Gaststätte
2000 Aufstieg in Kreisliga A, Gewinn des Rheinauer Fußballpokals
2001 100-jähriges Jubiläum des Vereins

Der Vereinsnamen

Als der Verein am 22. September 1901 gegründet wurde, nannte man ihn „Arbeiter-Turnverein Rheinau". Der Namensteil „Arbeiter-Turnverein" zeugte zum einen davon, dass Turnen zu jener Zeit die einzige Disziplin war, die ausgeübt wurde, zum anderen aber auch davon, dass sich die Verantwortlichen bewusst als Teil der Arbeitersportbewegung verstanden. Der Namensteil „Rheinau" bezeichnete den Ort; „Mannheim-Rheinau" konnte man noch nicht sagen, da der Stadtteil erst im Jahre 1913 in die Quadratestadt eingemeindet wurde. Im Volksmund wurden die Mitglieder des Vereins wie alle Aktiven der Arbeitersportbewegung als „Freie Turner" bezeichnet.

Durch die Fusion mit dem Arbeiter-Rad- und Kraftfahrer-Bund „Solidarität" und dem Arbeitersängerbund Rheinau am 26. November 1906 verschwand der bisherige Vereinsname für fast zwei Jahre aus der Öffentlichkeit; der Verein ging im „Arbeiter-Sportbund Vorwärts Rheinau" auf. Als sich der fusionierte Verein jedoch bereits im August 1908 wieder auflöste, hieß der frühere Arbeiter-Turnverein nunmehr „Arbeiter-Turn- und Sportverein Rheinau". Dies mag davon zeugen, dass die Verantwortlichen bereits damals weitsichtig davon ausgingen, dass Turnen künftig nicht die einzige Sportart sein werde, die in diesem Verein betrieben würde. Die Abkürzung des Vereins lautete damals übrigens im Unterschied zu dem, was man denken könnte, nicht ATSV, sondern TSVR – so jedenfalls stand es im Wappen des Vereins[1].

Mit dem Verbot des Vereins durch die Nationalsozialisten vom 30. März 1933 wurde der Vereinsname am 9. August 1933 aus dem Vereinsregister gestrichen[2].

Nach dem Kriege erstand der „Arbeiter-Turn- und Sportverein" zunächst nicht von Neuem. Gemeinsam mit dem bisherigen Turnverein Rheinau und dem FC Alemannia Rheinau vereinigte er sich im Oktober 1945 zu einem Großverein unter dem Namen „Sportgemeinschaft Rheinau", abgekürzt SG. Um die Wiedergutmachungszahlungen für das von den Nationalsozialisten beschlagnahmte Vermögen erhalten zu können, musste sich der Verein im Herbst 1948 jedoch als „Turn- und Sport-Verein Rheinau" wieder konstituieren.

Als die Entschädigung abgewickelt war, wählte man einen ganz neuen Namen: Am 30. Dezember 1950 gründete sich die „Turn- und Sportgemeinde Rheinau e. V.", abgekürzt TSG. In diesem Na-

Wappen des Arbeiter-Turn- und Sportvereins in den zwanziger Jahren

Wappen des TSG seit 1951

men fehlte also der Hinweis auf die Tradition als Arbeiterverein, was dem Zug der Zeit entsprach. Der Vereinsname unterstrich damit den Willen der Verantwortlichen, fortan als politisch und konfessionell unabhängig zu gelten. Unter dem Namen TSG firmiert der Verein seit über 50 Jahren bis heute.

Überblick:

1901-1906   Arbeiter-Turnverein Rheinau
1906-1908   Arbeiter-Sportbund Vorwärts Rheinau
1908-1933   Arbeiter-Turn- und Sport-Verein Rheinau
1933-1948   Der Verein existierte nicht
1945-1948   Sportgemeinschaft Rheinau
1948-1950   Turn- und Sportverein Rheinau
Seit 1950   Turn- und Sportgemeinde Rheinau

7. Informationen zu diesem Buch

In eigener Sache

Der Autor bei der Begrüßung durch Helmut Kohl ...

... während des Interviews mit Klaus Kinkel ...

... im Gespräch mit Daimler-Chef Edzard Reuter ...

... beim Skatabend mit Lothar Späth ...

... als aufmerksamer Zuhörer von Ufa-Filmstar Johannes Heesters.

Über den Autor

Konstantin Groß, 37 Jahre alt, evangelisch, verheiratet, wohnhaft in Mannheim-Rheinau
Geboren am 17. Februar 1964 in Mannheim, aufgewachsen in der Oststadt und auf dem Almenhof (Speyerer Straße)
1967-1970 Besuch des katholischen Kindergartens „Maria Hilf" (Almenhof)
1970-1974 Almenhof-Grundschule

Ausbildung und wissenschaftliche Tätigkeit

1974-1983 Moll-Gymnasium Niederfeld
1979-1983 verantwortlich für die dortige Bibliothek
1983 Abitur
1983-1992 Studium der Neueren Geschichte, der Wirtschafts- und Sozialgeschichte, der Politischen Wissenschaften und der Psychologie an der Universität Mannheim
1986 Wissenschaftlicher Mitarbeiter des Deutschen Bundestages
1986 Englisch-Übersetzer der „Deutschen Vereinigung für Parlamentsfragen", Hamburg.
1987-1992 Wissenschaftlicher Mitarbeiter von Prof. Dr. Peter Graf Kielmansegg, Ordinarius für Politische Philosophie und Demokratietheorie an der Universität Mannheim

Journalistische Tätigkeit

1982-1983 Herausgabe des Studentenmagazins „Prisma"
1983-1993 Mitarbeiter der „Rhein-Neckar-Zeitung", Redaktion Mannheim
1985-1991 Mitarbeiter des „Mannheimer Morgen"
1991-1993 Volontariat beim „Mannheimer Morgen"
seit 1993 Redakteur des „Mannheimer Morgen",
1993-1995 beim Chef vom Dienst (CvD), seit 1995 im Ressort Rhein-Neckar/ Bergstraße.

Bisherige Buchveröffentlichungen

1991 „Mannheim zu Fuß. Ein historischer Stadtführer" (Ko-Autor)
1993 „100 Jahre Turnverein Mannheim-Rheinau 1893" (Ko-Autor)
1993 „Zwischen Shrimps und Schaschlik. Ein Gastronomie-Führer für Mannheim und Heidelberg" (Ko-Autor)
1994 „25 Jahre Moll-Gymnasium Mannheim im Niederfeld" (Ko-Autor)
1996 „100 Jahre Männergesangverein 1896 Mannheim-Rheinau"
1996 „50 Jahre SPD-Rheinau-Pfingstberg. Eine kritische Bilanz"
1997 „Zwischen Grün und Gleis. 75 Jahre Mannheimer Ortsteil Pfingstberg"
1998 „Für Mensch und Natur. 75 Jahre Gartenfreunde Mannheim-Rheinau"
1999 „Zeuge des Jahrhunderts. 100 Jahre Eingemeindung von Neckarau nach Mannheim"
1999 „Arbeiten in und für Neckarau. 25 Jahre Gemeinschaft der Selbständigen"
2000 „Freude am Leben durch Freude am Glauben. 100 Jahre Katholische Kirchengemeinde St. Antonius Mannheim-Rheinau"
2000 „Von Null auf Fünfzig. Die Geschichte des Sportclubs Pfingstenberg-Hochstätt"
2001 „Frei und Fit. 100 Jahre Turn- und Sportgemeinde Mannheim-Rheinau"

Bürgerschaftliche Aktivitäten

1987-1991 Mitglied des Vorstands des Heimatvereins Rheinau/Pfingstberg
1993-1995 Mitglied des Vorstands des Vereins Geschichte Alt-Neckarau
1987 Mitbegründer des Rheinauer Gewerbevereins
seit 1995 Mitglied des Vorstands des Rheinauer Gewerbevereins
seit 1999 Mitglied des Vorstands der Gemeinschaft der Selbständigen Mannheim-Neckarau
seit 1998 Vorsitzender des Gemeinnützigen Vereins Mannheim-Pfingstberg
1999 Gründungsmitglied des Kreisverbands Mannheim der Deutschen Atlantischen Gesellschaft, seither Mitglied des Vorstandes
1997-2001 Ehrenamtlicher Richter am Verwaltungsgerichtshof Karlsruhe

Sponsorenliste

Die Herausgabe dieses Buches sowie andere Jubiläumsaktivitäten der TSG im Jahr 2001 wurden von folgenden Personen und Firmen (nachfolgend in alphabetischer Reihenfolge) durch großzügige Spenden unterstützt[1]:

Burghardt, Hans
Caballero, Sanchez Angel
Denk, Marion
Dykta, Richard
Eisele, Hans
Eisele, Heinrich
Eisele, Margot
Eisele, Marcus
Gerteis, Ursula
Glandorf, Käthe
Götze, Klaus
Hanel, Heinz
Hertel, Julius
Hipp, Manfred
Klug, Peter
Kneis, Hermann
Kreuzer, Willi
Laumann, Kurt
Möbius, Manfred
Müller, Ernst
Pfister, Luise
Rehm, Karl
Reifenberg, Klaus und Maria
Rohr, Hans
Ruf, Jürgen und Karin
Schirmer, Ursula und Otto
Schneckenberger, Rolf
Tischtennis-Abteilung

Autor und Verein sagen herzlichen Dank.

Bildnachweis

Folgende Personen und Institutionen (nachfolgend in alphabetischer Reihenfolge) haben für dieses Buch Fotografien und Dokumente kostenlos zur Verfügung gestellt:

Barth, Rainer
Eisele, Hans
Fischer, Rolf
Groß, Konstantin
Heimatverein Rheinau/Pfingstberg von 1982 e.V.
Hess, Dieter
Juventus Rheinau
Klug, Peter
Knoblauch, Rolf
Koronarsport-Gruppe der TSG
Kress, Edith
Laumann, Kurt
Lendl, Franz
Losert, Helmut
Ludwig, Jolande
Maurer, Bernd
Müller, Franz
Nüsgen, Werner
Oechsner, Renate
Pfister, Fritz
Pfister, Richard
Reifenberg, Klaus
Rohr, Hans
Saif, Annemarie
Schlienger, Kurt
Schmidt, Dieter
Stückle, Werner
Turn- und Sportgemeinde Rheinau
Wöllner, Ruth

Autor und Herausgeber sagen allen Leihgebern herzlichen Dank!

Literaturhinweise

Historische Entwicklung des Vereins

[1] „Festschrift zum 25-jährigen Jubiläum", heraus gegeben vom Arbeiter-Turn- und Sport-Verein Rheinau, Mannheim 1926, Seite24.

[2] Laut „TSG – ein Spiegelbild der Rheinauer Geschichte", Artikel von Konstantin Groß im „Mannheimer Morgen"/ Wochenschau Mannheim-Süd vom 7. August 1987, Seite 1 f.

[3] Ebenda, Seite 23.

[4] Ebenda, Seite 7.

[5] Namen laut Werner Stückle, „Chronik zum 85-jährigen Jubiläum der Turn- und Sportgemeinde Rheinau e. V. 1901", Mannheim 1986, Seite 2.

[6] Ebenda, Seite 5.

[7] Ebenda, Seite 6.

[8] Ebenda.

[9] Ebenda, Seite 7.

[10] Ebenda, Seite 9.

[11] Ebenda, Seite 7.

[12] „Festschrift zum 25-jährigen Jubiläum", heraus gegeben vom Arbeiter-Turn- und Sportverein Rheinau, Mannheim 1926, Seite 10.

[13] „TSG – ein Spiegelbild Rheinauer Geschicht e", a.a.O., Seite 1.

[14] „75 Jahre ...", a.a.O., Seite 17.

[15] Ebenda.

[16] „75 Jahre", a.a.O., Seite 25.

[17] Ebenda, Seite 6.

[18] Ebenda, Seite 11.

[19] Ebenda, Seite 10.

[20] „50 Jahre SPD Rheinau/Pfingstberg", a.a.O., Seite 30.

[21] Ebenda.

[22] Schilderung der Vorgänge an diesem Abend durch Ludwig Gärtner gegenüber dem Autor, zitiert in „50 Jahre SPD Rheinau/Pfingstberg", a.a.O., Seite 31.

[23] „Festschrift zum 50-jährigen Jubiläum", heraus gegeben von der Turn- und Sportgemeinde Mannheim-Rheinau, Mannheim 1951, Seite11.

[24] „75 Jahre...", a.a.O., Seite 25.

[25] Laut Konstantin Groß, „50 Jahre SPD Rheinau/Pfingstberg. Eine kritische Bilanz", Mannheim 1996, Seite 26.

[26] Ebenda, Seite 27.

[27] Ebenda, Seite 29.

[28] „TSG – ein Spiegelbild der Rheinauer Geschichte", a.a.O., Seite 2.

[29] Laut Dietrich Schulze-Marmeling, „Fußball unterm Hakenkreuz. 100 Jahre Fußball in Deutschland. Teil 2: 1933 bis 1945", in: „Analyse und Kritik" Nr. 435 vom 16. März 2000, Seite 2.

[30] Analyse laut ebenda.

[31] „75 jahre TSG Rheinau", heraus gegeben von eben dieser, Mannheim 1976, Seite 31.

[32] „Festschrift zum 50-jährigen Jubiläum", heraus gegeben von der Turn- und Sportgemeinde Rheinau, Mannheim 1951, Seite 24.

[32] „Festschrift 60 Jahre Turn- und Sportgemeinde Rheinau e.V.", heraus gegeben von eben dieser, Mannheim 1961, Seite 35.

[34] "75 Jahre TSG Rheinau", heraus gegeben von eben dieser, Mannheim 1976, Seite 45.

[35] Auskunft von TSG-Schatzmeister Hans Eisele im Gespräch vom 9. August 2001, 16 Uhr ff.

[36] Konstantin Groß, „100 Jahre Männergesangverein 1896 Rheinau", heraus gegeben von eben diesem, Mannheim 1996, Seite 164 ff.

[37] „Rheinaus neue Nummer eins", Beitrag von Terence Träber im „Mannheimer Morgen" vom 31. Juli 2000, Lokalsport-Seite.

Die Fußball-Abteilung

[1] Rede von Bundespräsident Johannes Rau auf der Festveranstaltung „50 Jahre Deutscher Sportbund" am 8. Dezember 2000 in Hannover, Manuskript laut http://www.bundespraesident.de/dokumente/Rede ix_26179.htm, Seite 2.

[2] „75 Jahre Turn- und Sportgemeinde Rheinau", heraus gegeben von eben dieser, Mannheim 1976, Seite 41.

[3] Ebenda, Seite 7.

[4] Dietrich Schulze-Marmeling, „Der Siegeszug eines undeutschen Spiels", in: „Analyse und Kritik" Nr. 435 vom 17. Februar 2000, Seite 4.

[5] Ebenda, Seite 8.

[6] „75 Jahre ...", a.a.O., Seite 17.

[7] Namen laut Aufschrift auf der Rückseite eines Bildes, angefertigt zum 15. Jubiläum der Fußball-Abteilung 1928, hängt heute im Vereinshaus der TSG.

[8] „Vereins-Narren-Blatt des Arbeiter-Turn- und Sportvereins e.V. Mannheim-Rheinau", heraus gegeben von eben diesem, Mannheim 1929, Seite 2.

[9] Ebenda.

[10] „50 Jahre Fußball-Abteilung", heraus gegeben von der Turn- und Sportgemeinde Rheinau 1901 e.V., Mannheim 1962, Seite 5.

[11] Eigener schriftlicher Lebenslauf von Willi Barth, ohne Datum, Privatarchiv Rainer Barth.

[12] Zeilinger, a.a.O., Seite 27.

[13] Zeilinger, a.a.O., Band II, Seite 40.

[14] „60 Jahre Turn- und Sportgemeinde Rheinau e.V.", heraus gegeben von eben dieser, Mannheim 1961, Seite 19.

[15] „70 Jahre Turn- und Sportgemeinde Mannheim-Rheinau", heraus gegeben von eben dieser, Mannheim 1971, Seite 15

[16] Zeilinger, a.a.O., Band III, Seite 82.

[17] Ebenda, Seite 110.

[18] „Rheinauer Fußballpokal 1989", heraus gegeben von der TSG Rheinau et al., Mannheim 1989, Seite 11.

[19] Ebenda.

[20] „Mannheimer Morgen"/Lokalsport vom 31. Juli 2000.

[21] „TSG selbstbewusst", Meldung im „Mannheimer Morgen" vom 24. August 2000.

[22] „Erfolg der TSG hat einen Namen", in: „Mannheimer Morgen"/Lokalsport, vom 20. Juni 2001.

[23] Ebenda.

Die AH

[1] Bildunterschrift eines Fotos einer AH-Mannschaft von 1962
[2] Bildunterschrift eines Fotos einer AH-Mannschaft von 1968.
[3] „75 Jahre Turn- und Sportgemeinde Rheinau e.V.", heraus gegeben von eben dieser, Mannheim 1976, Seite 35.
[4] „75 Jahre Turn- und Sportgemeinde Rheinau e.V.", a.a.O, Seite 44.
[5] Namen auf der Rückseite des Fotos einer AH-Mannschaft von 1988.
[6] Pressemitteilung des Autohauses Karg & Pfister, ohne Datum.
[7] Angaben von Friedrich Pfister im Gespräch vom 24. August 2001, 19 Uhr ff.
[8] Angaben laut ebenda.

Die Jugendarbeit

[1] „Festschrift zum 25-jährigen Jubiläum", heraus gegeben vom Arbeiter-Turn- und Sportverein Rheinau, Mannheim 1926, Seite 24.
[2] Ebenda, Seite 13.
[3] Ebenda, Seite 14.
[4] Schriftlicher Lebenslauf von Willi Barth, ohne Datum, aus Privatarchiv Rainer Barth, Seite 1.
[5] Ebenda, Seite 15.
[6] Lebenslauf Barth, a.a.O., Seite 3.
[7] „Festschrift zum 50-jährigen Jubiläum", heraus gegeben von der Turn- und Sportgemeinde Rheinau, Mannheim 1951, Seite 24.
[8] „60 Jahre Turn- und Sportgemeinde Rheinau", heraus gegeben von eben dieser, Mannheim 1961, Seite 13.
[9] Lebenslauf Barth, a.a.O., Seite 3.
[10] „75 Jahre TSG Rheinau", heraus gegeben von eben dieser, Mannheim 1976, Seite 46.
[11] „Rheinauer Fußballpokal 1984", heraus gegeben vom SC Pfingstberg-Hochstätt et al., Mannheim 1984, Seite 17.
[12] „Rheinauer Fußballpokal 1985", heraus gegeben von der TSG Rheinau, Mannheim 1985, Seite 13.
[13] „Rheinauer Fußballpokal 1988", heraus gegeben vom SC Pfingstberg-Hochstätt, Mannheim 1988, Seite17.
[14] „Rheinauer Fußballpokal 1989", heraus gegeben von der TSG Rheinau, Mannheim 1989, Seite 11.
[15] „Rheinauer Fußballpokal 1985", heraus gegeben vom SC Pfingstberg-Hochstätt, Mannheim 1995, Seite 23.
[16] „27. Rheinauer Fußballpokal 1996", heraus gegeben von der TSG Rheinau, Mannheim 1996, Seite 19.
[17] „31. Rheinauer Fußballpokal 2000", heraus gegeben von der TSG Rheinau e. V. et al., Mannheim 2000, Seite 23.

Die Gymnastik-Abteilung

[1] „Festschrift zum 25-jährigen Jubiläum", heraus gegeben vom Arbeiter-Turn- und Sportverein Rheinau, Mannheim 1926, Seite 8 f.
[2] Ebenda, Seite 10.
[3] „Festschrift zum 50-jährigen Bestehen", heraus gegeben von der Turn- und Sport-Gemeinde Mannheim-Rheinau, Mannheim 1951, Seite 17.

[4] „70 Jahre Turn- und Sportgemeinde Mannheim-Rheinau e.V.", heraus gegeben von eben dieser, Mannheim 1971, Seite 27.

[5] „75 Jahre TSG Rheinau", heraus gegeben von eben dieser, Mannheim 1976, Seite 49.

Die Tischtennis-Abteilung

[1] Geschichte des Tischtennis laut http://www.olympia-lexikon.de/docs/417.html sowie http://www.sportbox.de/kompendium/ktii130.htm.

[2] Diese Wertung laut „60 Jahre Turn- und Sportgemeinde Rheinau", heraus gegeben von eben dieser, Mannheim 1961, Seite 39.

[3] Dieser Absatz laut „Festschrift anlässlich des 65-jährigen Bestehens der Turn- und Sportgemeinde Rheinau e.V., heraus gegeben von eben dieser, Mannheim 1966, Seite 22.

[4] Die Angaben über seinen Lebenslauf stammen von Josef Blössl selbst im Gespräch mit dem Autor von 1990.

[5] Konstantin Groß, „Von Null auf Fünfzig. Die Geschichte des SC Pfingstberg-Hochstätt", Mannheim 2000, Seite 92.

[6] Eigenhändiger schriftlicher Lebenslauf von Josef Blössl, an den Autor übergeben im Juli 2001.

[7] Auskunft von TSG-Schatzmeister Hans Eisele im Gespräch vom 9. August 2001, 16 Uhr ff.

[8] „Das Ansehen des Vereins gemehrt", Artikel von Konstantin Groß in den „Rheinauer-Brühler-Ketscher-Nachrichten", Ausgabe März 1986.

Die Handball-Abteilung

[1] „Festschrift zum 25-jährigen Jubiläum", heraus gegeben vom Arbeiter-Turn- und Sportverein Rheinau, Mannheim 1926, Seite 10.

[2] „Festschrift zum 50-jährigen Bestehen", heraus gegeben von der Turn- und Sportgemeinde Mannheim-Rheinau, Mannheim 1951, Seite 17.

[3] Infos für diesen Absatz aus „75 Jahre TSG Rheinau", heraus gegeben von eben dieser, Mannheim 1976, Seite 31.

Die Box-Abteilung

[1] Laut „Eine Chance für den Boxsport", Zeitungsartikel von Januar 1968, Privatbesitz Rolf Knoblauch (um welche Zeitung es sich handelt und an welchem Tag genau der Bericht veröffentlicht wurde, ist aus dem Ausriss nicht zu erkennen).

[2] „Adolf Mühlum 65", Bericht des „Mannheimer Morgen" vom 22. Januar 1979.

[3] Angaben laut Gespräch mit Rolf Knoblauch vom 21. August 2001, 18 Uhr ff.

[4] Angaben laut Rolf Knoblauch, a.a.O.

[5] Laut ebenda.

[6] „70 Jahre Turn- und Sportgemeinde Mannheim-Rheinau e.V.", heraus gegeben von eben dieser, Mannheim 1971, Seite 25.

[7] Laut ebenda.

[8] Angaben über die Tätigkeit der Abteilung laut ebenda.

[9] Beitrag im „Mannheimer Morgen" vom 12. September 1964.

[10] Mannschaftsaufstellung laut „70 Jahre Turn- und Sportgemeinde Mannheim-Rheinau e.V.", a.a.O.

[11] Siehe Anmerkung 1.

[12] „75 Jahre TSG Rheinau", heraus gegeben von eben dieser, Mannheim 1976, Seite 50.

[13] Angaben von Rolf Knoblauch, a.a.O.

[14] Ebenda.

Die Anlage

[1] Auskunft von TSG-Schatzmeister Hans Eisele im Gespräch vom 9. August 2001, 16 Uhr ff.

[2] „Festschrift zum 25-jährigen Jubiläum", heraus gegeben vom Arbeiter-Turn- und Sport-Verein Rheinau, Mannheim 1926, Seite 7.

[3] Ebenda, Seite 7.

[4] Ebenda.

[5] „75 Jahre TSG Rheinau", heraus gegeben von der Turn- und Sportgemeinde Rheinau, Mannheim 1976, Seite 38.

[6] Auskunft von TSG-Schatzmeister Hans Eisele im Gespräch vom 9. August 2001, 16 Uhr ff.

[7] Ebenda.

[8] Ebenda, Seite 31.

[9] Ebenda.

[10] „75 Jahre Turn- und Sportgemeinde Rheinau", heraus gegeben von eben dieser, Mannheim 1976, Seite 33.

[11] „Heinrich-Frey-Gedächtnisspiele 1968", heraus gegeben von der Turn- und Sportgemeinde Rheinau, Mannheim 1968, Seite 23.

[12] Ebenda, Seite 35.

[13] Konstantin Groß, „100 Jahre Männergesangverein 1896 Rheinau", heraus gegeben von eben diesem, Mannheim 1996, Seite 164 ff.

Die Gaststätte

[1] „Festschrift zum 25-jährigen Jubiläum 1926", heraus gegeben vom Arbeiter-Turn- und Sportverein Rheinau, Mannheim 1926, Seite 6.

[2] Ebenda, Seite 29 und 33.

[3] „Festschrift zum 50-jährigen Jubiläum 1951", heraus gegeben von der Turn- und Sportgemeinde Rheinau, Mannheim, 1951, Seite 46.

[4] Ebenda, Seiten 6 und 45.

[5] „Heinrich-Frey-Gedächtnis-Turnier 1958", heraus gegeben von der Turn- und Sportgemeinde Rheinau, Mannheim 1958, Seite 6.

[6] „Heinrich-Frey-Gedächtnis-Turnier 1960", heraus gegeben von der Turn- und Sportgemeinde Rheinau, Mannheim 1960, Seite 14.

[7] „Festschrift 60 Jahre Turn- und Sportgemeinde Rheinau", heraus gegeben von eben dieser, Mannheim 1961, Seite 54.

[8] „50 Jahre Fußball-Abteilung", heraus gegeben von der Turn- und Sportgemeinde Rheinau, Mannheim 1962, Seite 12.

[9] „Heinrich-Frey-Gedächtnisspiele 1963", heraus gegeben von der Turn- und Sportgemeinde Rheinau, Mannheim 1963, Seite 23.

[10] Eigene Angaben Moraths im Gespräch mit dem Autor am 23. März 1990.

[11] „Heinrich-Frey-Gedächtnisspiele 1968", heraus gegeben von der Turn- und Sportgemeinde Rheinau, Mannheim 1968, Seite 23.

[12] „Heinrich-Frey-Gedächtnisspiele 1970", herausgegeben von der Turn- und Sportgemeinde Rheinau, Mannheim 1970, Seite 23.

[13] „Valentin-Kutterer-Gedächtnisspiele 1972", herausgegeben von der TSG Rheinau e.V., Mannheim 1972, Seite 27.

[14] „2. Valentin-Kutterer-Gedächtnisturnier 1973", herausgegeben von der TSG Rheinau e.V., Mannheim 1973, Seite 27.

[15] „3. Valentin-Kutterer-Gedächtnisturnier 1974", herausgegeben von der TSG Rheinau e.V., Mannheim 1974, Seite 31.

[16] „6. Valentin-Kutterer-Gedächtnisturnier 1977", herausgegeben von der TSG Rheinau, Mannheim 1977, Seite 40.

[17] „Ein Vereinssaal wie ein Theater", Artikel von Konstantin Groß in „Rheinauer-Brühler-Ketscher Nachrichten", Ausgabe März 1986.

[18] „Rheinauer Fußballpokal 1988", herausgegeben vom Sportclub Pfingstberg-Hochstätt et al., Mannheim 1988, Seite 43.

[19] Auskunft von TSG-Schatzmeister Hans Eisele vom 9. August 2001, 16 Uhr ff.

[20] „Rheinauer Fußballpokal 1995", herausgegeben vom Sportclub Pfingstberg-Hochstätt et al., Mannheim 1995, Seite 79.

Veranstaltungen

[1] „60 Jahre Turn- und Sportgemeinde Rheinau", herausgegeben von eben dieser, Mannheim 1961, Seite 13.

[2] Aus „75 Jahre Turn- und Sportgemeinde Rheinau e.V.", herausgegeben von eben dieser, Mannheim 1976, Seite 25.

[3] „28. Rheinauer Fußballpokal 1997", herausgegeben vom SC Rot-Weiß Rheinau, Mannheim 1997, Seite 41.

[4] „Rheinauer Fußballpokal 1986", herausgegeben vom SC Rot-Weiß Rheinau et al., Mannheim 1986, Seite 5.

[5] Ebenda, Seite 7.

[6] Laut „Rheinaus neue Nummer eins", Bericht von Terence Träber im „Mannheimer Morgen" vom 31. Juli 2000, Lokalsport-Seite.

[7] „Wie soll das erst beim Jubiläum werden?", Bericht von Konstantin Groß im „Mannheimer Morgen" vom 8. August 2001, Stadtteilseite Mannheim-Süd.

[8] Laut „75 Jahre Turn- und Sportgemeinde Rheinau e.V.", a.a.O., Seite 31.

[9] „Vereins-Narren-Blatt", herausgegeben vom Arbeiter-Turn- und Sportverein e. V. Mannheim-Rheinau, Mannheim 1929, aus: Archiv des Heimatvereins Rheinau/Pfingstberg, Mannheim.

[10] Programm laut „75 Jahre Turn- und Sportgemeinde Rheinau e.V.", a.a.O., Seite 25.

Die Vorsitzenden

[1] Akten des Generallandesarchivs, Bestand GLA, Nr. 389, Blatt 11, im: Archiv des Heimatvereins Rheinau-Pfingstberg.

[2] Ebenda, Blatt 45.

[3] „Vereins-Narren-Blatt des Arbeiter-Turn- und Sport-Vereins e. V. Mannheim-Rheinau", herausgegeben von eben diesem, Mannheim 1929, Seite 2.

[4] Akten des GLA, a.a.O., Blatt 57.

[5] „Vereins-Narren-Blatt", a.a.O., Seite 2.

[6] „Vereins-Narren-Blatt", a.a.O., Seite 2.

[7] Akten des GLA, a.a.O., Blatt 63.

[8] Ebenda, Blatt 65.

[9] „Vereins-Narren-Blatt", a.a.O., Seite 2.

[10] Akten des GLA, a.a.O., Blatt 73.

[11] „Vereins-Naren-Blatt", a.a.O., Seite 2.

[12] Eigene Angaben Kindermanns im Gespräch mit dem Autor.

[13] Sachverhalt laut „Ein dynamischer Verein-Chef", Artikel von Konstantin Groß im „Mannheimer Morgen"/Wochenschau-Süd vom 27. November 1987, Seite 2.

[14] Laut ebenda..

[15] Ebenda.

[16] Auskunft von TSG-Schatzmeister Hans Eisele im Gespräch vom 9. August 2001, 16 Uhr ff.

[17] Laut „Favorit unterlag bei Wahl", Artikel von Konstantin Groß im „Mannheimer Morgen" vom 26. Februar 1992.

[18] Laut ebenda.

Willi Barth

[1] Persönliche Daten laut Konstantin Groß, „100 Jahre Männergesangvereins 1896 Rheinau", Mannheim 1996, Seite 121.

[2] Sämtliche Angaben über seine sportliche und Vereins-Tätigkeit laut selbst verfasstem Lebenslauf, Mannheim 1971, Privatbesitz Rainer Barth.

Boris Bockelmann

[1] „Boris Bockelmann verstorben", Beitrag von Siegfried Müller im „Mannheimer Morgen2 vom 25. April 1997.

[2] „Bockelmann macht Schluss", Beitrag von Werner Trill im „Mannheimer Morgen" vom 31. Januar 1995.

[3] „Bockelmann macht Schluss", a.a.O..

[4] „Boris Bockelmann verstorben", a.a.O.

[5] Ebenda.

[6] „Ein Leben für den Fußball", Beitrag von Konstantin Groß im „Mannheimer Morgen" vom 30. April 1997.

[7] „Boris Bockelmann verstorben", a.a.O.

[8] Ebenda.

Maurizio Gaudino

[1] Laut „75 Jahre Turn- und Sportgemeinde Rheinau e.V.", heraus gegeben von eben dieser, Mannheim 1976, Seite 48.

[2] Laut „Viele kennen ihn noch als Kind", Bericht von Konstantin Groß im „Mannheimer Morgen" vom 30. September 1992, Stadtteilseite Mannheim-Süd.

[3] Siehe Anmerkung 1

[4] Laut ebenda.

[5] Informationen über die Zeit bei Eintracht Frankfurt laut „www.uit.no/mancity/players/old/gaudino.html"

[6] „Gaudino: Ich will weg, so schnell wie möglich", Bericht in der „WELT" vom 1. Oktober 1994.

[7] „Gaudino: Der da oben gibt mir Kraft", Beitrag von Thomas Sulzer in der Rhein-Neckar-Zeitung vom 21. August 1996.

[8] DER SPIEGEL Nr. 6/96 vom 5. Februar 1996, Seite 66.

[9] „Mauri muss wieder ganz von vorn anfangen", Beitrag von Pius Koller in der Rhein-Neckar-Zeitung vom 29. Dezember 1997.
[10] „Gaudino tritt Wocz-Nachfolge an", SID-Meldung im „Mannheimer Morgen" vom 28. Mai 1996.
[11] Siehe Anmerkung 1
[12] Laut Ebenda.
[13] „Mauri muss wieder ganz von vorn anfangen", a.a.O.

Der Vereinsnamen

[1] „Festschrift zum 25-jährigen Jubiläum", heraus gegeben vom Arbeiter-Turn- und Sport-Verein Rheinau, Mannheim 1926, Seite 12.
[2] Akten des Generallandesarchivs Karlsruhe (GLA), Bestand Nr. 389, Blatt 99, in: Archiv des Heimatvereins Rheinau/ Pfingstberg.

Sponsorenliste

[1] Liste laut Schatzmeister Hans Eisele, Stand: 21. August 2001.

Personenverzeichnis

Albert, Vorstandsmitglied: 158, 159
Alfani, Bruno: 114, 117, 119, 122
Anderson, M.: 77
Arnold, Edith: 44
Arnold, Erika: 44
Arnold, W.: 158, 159
Astor, Anna: 35
Augstein, Dieter: 122
Bader, Willi: 45, 47, 159, 163
Bäckerle, Trainer: 75
Bahm, Heinrich: 35
Balbier, M.: 47
Barczak, Norbert: 122
Barth, Rainer: 70, 75, 90, 91, 201
Barth, Willi: 38, 45, 47, 47, 49, 53, 69, 75, 85, 86, 87, 145, 159, 161, 174-177
Bauder, Karl: 139, 141, 143
Bauer, Rainer: 70
Baumbusch, Karl: 122
Bausch, Leander: 145
Becker, H.: 76, 78
Becker, Ludwig: 35
Becker, R.: 76
Bender, H.: 76
Benz, Rudolf: 42, 68, 69, 76, 78, 86, 87
Benzler, Hans: 50
Berger, G.: 76
Berlinghof, Albert: 33, 137
Betzold, Willi: 70
Bigott, B.: 77
Bischer, Christian: 90
Bischof, Albert: 104
Bischoff, K.: 68, 76
Bischoff, Wirt: 143
Blau, Edgar: 137, 143
Blössl, Josef: 103 f.
Blüm, H.: 40, 66
Blümel, Philipp: 40
Blum, Oskar: 145
Blum, Rolf: 50, 147
Bockelmann, Boris: 45, 46, 47, 50, 69, 96, 158, 159, 163, 164

Böckenhaupt, Fritz: 47, 49, 49, 61, 69, 87, 159,
Böhme, W.: 40, 76, 78, 85, 158
Bolz, R.: 85
Bonk, Jürgen: 122
Bordt, Wolfgang: 113
Brado, Rita: 98
Brandenburger, Adolf: 114
Braun, Arthur: 70
Braun, C.: 85
Braun, Fritz: 31, 35, 35, 85
Brenner, Ottmar: 122
Brüstle, Ludwig: 24, 152, 163
Buchert, Paul: 50, 56
Burghardt, Hans: 104, 135, 200
Burkhardt, K.: 96, 158
Caballero, Angel: 76, 122, 200
Calero, F.: 78
Celic, F.: 77
Claus, E.: 25, 26
Dammith, Manfred: 70, 76 f.
Dechant, Herbert: 43, 45, 47, 49, 100, 101, 102, 163
Deiniger: 86
Denk, Hans: 68, 69, 76, 78, 122
Denk, Marion: 200
Deutsch, Gustav: 35, 85
Dewald, Ferdinand: 44, 158
Dickemann, D.: 76
Diesing, Gisela: 41, 97
Doll, Siegbert: 122
Dotterer, Werner: 122
Dressel. H.: 96
Dressel, Roland: 122
Duchon, Brigitte: 141, 143
Düsi, Josef: 46, 76 f., 91, 92, 190
Düsi, Jürgen: 77
Duschl, Helmut: 131
Dykta, Richard: 54, 190
Eberhardt, Günther: 68, 69
Eder, Gisela: 56
Eicke, Manfred: 132
Eisele, Ernst: 77

Eisele, Gertrud: 98
Eisele, Hans: 49, 54, 56, 57, 76 f., 98, 122, 160, 190, 200, 201
Eisele, Heinrich: 44, 45, 78, 200
Eisele, Karl: 122
Eisele, Marcus: 200
Eisele, Margot: 96, 97, 98, 190 f., 200
Eisele, W.: 77
Elze, Jupp: 119
Engelhardt, Wolfgang: 71
Ernst, Georg: 30, 35, 85, 108
Ernst, H.: 85
Everitt, Clark: 119
Facco, Heinrich: 44, 45, 145
Fichtner, Helmut: 53, 161, 163
Fillinger, K.: 77
Fischer, B.: 76
Fischer, Philipp: 33, 35, 153,
Fischer, Rolf: 68, 70, 122, 144, 146, 201
Fischer, Willi: 146
Fornal, U.: 76
Franz, Erwin: 68, 69
Franz, Leonhard: 104
Freiermuth, Wirt: 143
Frey, Heinrich: 35, 37, 40, 41, 45, 156-159, 163 f.
Friedmann, Harry: 71
Friedrichs, Günter: 88, 129, 160
Friedrichs, Jörg: 71
Fuchs, Arnold: 76, 122
Funke, Heinz: 68, 69
Furtwängler, Donat: 35
Gack, Martha: 98
Gäckle, Albert: 75
Gärtner, K.: 66
Gärtner, Ludwig: 37, 39, 52, 109, 166-169
Gaier, Irene: 98
Gaissert, Kurt: 140, 147
Galm, Bernd: 122
Gaudino, Maurizio: 80, 129, 185-187
Gehrig, Rudi: 116, 120
Geider, A.: 76 f.
Geier, Michael: 97
Geiger, Heinrich: 31
Geisler, Eduard: 122

Georg, Karl: 29
Georg, Philipp
Gerbert, Rudi: 76, 78, 122
Germies, Manfred: 76, 122
Gern, E.: 76
Gerteis, Josef: 68, 76, 122
Gerteis, Peter: 54, 56, 76, 122, 190
Gerteis, Ursula: 200
Glandorf, Käthe: 200
Göde, Manfred: 71
Götze, Klaus: 200
Gordt, Edmund: 122
Gottmann, Leo: 117
Graichen, T.: 77
Gremm, Valentin: 50, 140
Groiss: 117, 119
Groß, Horst: 50
Groß, Konstantin: 57, 201
Grosser, Georg: 39
Grosser, Hans: 39
Grosser, Paul: 35
Groth, H.: 68, 76
Grün, Gerd: 75, 105
Guckler, Herbert: 137, 143
Gültlinger, Karl: 104 f.
Gumbinger, Rolf: 70
Hack, Günter: 75
Haertel, Janni: 98
Hafner, K.: 76, 87
Hammann, Jakob: 70, 122
Hammann, W.: 40, 66
Handwerker, Adam: 68, 69, 75
Hanel: 76, 78, 200
Hanke, Gerlinde: 58
Hanke, Walter: 58
Happe, Ralf: 122
Hauck, Michael: 71
Hauer, L.: 76
Hauser, Willi: 122
Heck, Adolf: 35, 60, 62
Heckert, A.: 85
Heckmann, A..: 66
Heckmann, E.: 24, 25
Heid, Boxer: 117

Heid, Bernhard: 32, 64
Heiden, Maria: 97
Heinemann, Rudi: 38, 41, 66, 159
Heinrich, Ruth: 98
Heller, August: 60
Hermann, Ernst: 35
Hernandez, Fernando: 70, 71
Herrenkind, K. H.: 77
Hertel, Julius: 200
Hess, Dieter: 122, 201
Hettinger, Karl: 39, 157, 163
Hick, Dieter: 68, 122
Hipp, Gustav: 44, 45, 151
Hipp, Harald: 76, 131
Hipp, Manfred: 56, 57, 76, 200
Hipp, Walter: 42, 78
Höhn, Winfried: 50, 52, 53, 140, 147, 161
Hoffmann, Manfred: 98
Holzhause, Herbert: 132
Hübner, Vorstandsmitglied: 158, 159
Huttmann, Dieter: 76
Ihrig, Jürgen: 68, 122
Jacobi, Katharina: 98
Jakoby, Berthold: 116, 117, 118, 119
Jakobi, Werner: 76, 122
Jandura, Helga: 98
Jehn, Bernd: 117, 119
Kaiser, Willi: 32, 33, 60, 75
Kaltwasser, Dieter: 75
Karcz, Egon: 122
Kassube, Rainer: 122
Keller, Gerhard: 147
Kesel, Klaus: 122
Ketterer, H.: 85
Kiefer, August: 25, 26, 64, 65
Kilb, Fritz sen.: 44, 45
Kilb, Fritz jun.: 44, 45
Kindermann, Rudi: 47, 53, 120, 147, 159, 161, 163, 164
Kinzig, Karl: 141, 143
Klein, Karl: 157
Klostermann, Hermann: 68, 69, 75
Klotz, Roland: 122
Klug, Ilse: 96, 151

Klug, Karl: 29
Klug, Kurt: 44, 45, 46, 47, 76, 151
Klug, Martin: 132
Klug, Peter, 53, 54, 55, 56, 57, 76, 129, 135, 141, 143, 162-164, 190 f., 200, 201
Knapp, Erich: 71
Knapp, Steffan: 71, 75
Knapp, Volker: 71
Knappmann, Fritz: 32, 64
Knauff, Renate: 98
Knecht, Hermann: 29, 153
Knecht, Jakob: 25, 30
Knecht, Karl: 32, 33
Knecht, T.: 77
Kneis, Hermann: 69, 200
Knoblauch, M.: 96
Knoblauch, Rolf: 47, 112-115, 117-121, 201
Knoblauch, Siegfried: 58
König, H.: 85
König, Karl: 24, 25, 40, 152, 157, 158, 163
Kohl: 108
Kohl, Thomas: 75
Koloschek, Eddi: 71
Kopper, Harald: 129, 160
Kopper, Karin: 98
Korb, Karl: 98
Kränzke, Kurt: 47, 69
Kramer, K.: 40, 76, 78, 158
Kramer, Willi: 43, 44, 159, 163
Kress, Edith: 201
Kretzler, Rudolf: 49, 68, 69, 71
Kreuzer, Willi: 200
Kroll, Irmgard: 98
Kroner, Karl: 86
Krüger, Jürgen: 76, 122
Krüger, Rüdiger: 70
Krumrey, Boxer: 117, 119
Krupp, Andreas: 71, 122
Künsmann: 86
Kuhn, Hermann: 35
Kutterer, Valentin: 40, 44, 45, 46, 66, 78
Kutterer, W.: 68, 76
Labbé, Thomas: 75 f., 88
Large: 87

Laubenbacher, Heinz: 76, 122
Laumann, Kurt: 42, 54, 56, 68, 69, 75 f., 78, 147, 190, 200, 201
Laumann, Peter: 71
Lautermann, k.: 77
Leibold: Karl: 25, 27, 152
Leibold, Siegfried: 42, 86, 163
Leider, Heribert: 50, 140
Lemmert, J.: 76
Lendl, Franz: 104 f., 190 f., 201
Lenz, Rolf: 42, 45, 68, 69
Lier, Adolf: 44, 137, 158, 159, 163 f.
Link, Gerd: 71, 122
Lipponer, Rudi: 47, 69, 75, 108
Lobert, Monika: 98
Losert, Helmut: 58, 201
Luce, Lui: 70
Ludwig, Brigitte: 98
Ludwig, Horst: 53, 160, 161, 163, 164
Ludwig, Jolande: 54, 55, 96, 97, 98, 161, 190 f.
Ludwig, Ralf: 75
Maass, Dieter: 75
Maass, Karl: 41, 109
Mack, Karl: 32, 64
Mackert, Klaus: 122
Maier, A.: 25
Maurer, Bernd: 54, 55, 72, 73, 75, 147, 190 f., 201
Mausolf, Willi: 75
Mayer-Vorfelder: 181
Meder, Roland: 49, 122
Mendel, G.: 68, 76, 78, 87
Medici, Albert: 32, 64
Merkel, Heinz: 44, 45, 46
Mertz, L.: 68
Meyers: 27
Mielke, J.: 76
Mistikos, Thomas: 143
Modl, A.: 66, 75
Möckel, Klaus Dieter: 122
Möbius, Manfred: 200
Mölbert, Hermann: 122
Monitz, R.: 76
Morasch, Robert: 110
Morath, Fritz: 32, 64
Morath, Walter: 44, 45, 46, 47, 69, 75, 129, 137, 139, 143
Mückenmüller, Karl: 76, 122
Mühlum, Adolf: 47, 113, 114, 117, 120, 121, 161, 163, 164
Mühlum, Henny: 96, 97
Müller, Ernst: 200
Müller, Franz: 40, 42, 44, 45, 46, 66, 68, 69, 86, 201
Müller, G.: 76
Müller, R.: 77
Münch, Mingo: 113
Munek: 32
Nagel, Max: 155, 163
Nagel, Max, geb. 1907: 32, 64, 155, 182 f.
Nagel, Max, geb. 1949: 155, 182-184
Nagel, Walter: 108
Nastasi, Maria: 98
Neckermann, Matthias: 71
Nerger, Wolfgang: 43, 47, 49, 101 ff.
Neupert, M.: 76, 78
Neuschwanger, Heinrich: 24, 31, 40, 153, 163
Nicolai, Wilhelm: 52
Nowak, G.: 77
Nüsgen, Werner: 54, 55, 57, 70, 76, 86, 135, 190, 201
Öchsler, Arthur: 42, 45, 68, 69
Oechsner, Renate: 43, 47, 96, 100 ff., 201
Opitz, Karl-Uwe: 140
Oppek, Norbert: 76, 122
Pack, W.: 76
Pakalski, R.: 77
Paulsen, Ingo: 75
Pelzel, Otto: 122
Petzold: 43, 87
Pfister, Fritz: 68, 76 f., 80, 122, 190, 201
Pfister, Harald: 141
Pfister, Luise: 200
Pfister, Richard: 52, 53, 75-77, 160, 161 f., 163, 201
Philipp, Rudi: 104
Pister, Heinrich: 68, 69, 108
Pliatsikos, Ilias: 141, 143
Prager, Alois: 45, 47

Prior, Peter: 72, 73, 75, 149, 190
Quasdorf, Hans-Günter: 122
Quell, Peter: 35, 60, 62
Raab, E.: 77
Räpple, Günter: 75, 76, 122
Ratzel, Ludwig: 144
Rauch: 40, 66
Rausch, Hans: 76, 122
Rehm, Karl: 200
Reich, Peter: 116, 117
Reifenberg, Fritz: 32, 64, 151, 201
Reifenberg, Georg: 32, 35, 64
Reifenberg, Klaus: 54, 56, 76, 78, 86, 190, 200
Reifenberg, Maria: 200
Reiß, K.: 68
Remark, Siegfried: 122
Röck, Georg: 35
Röhrborn, Sven: 147
Rösch, Willi: 75
Rohr, Hans: 40, 42, 44, 45, 46, 68, 69, 200, 201
Rolli, H.: 85
Roselli, Egidio: 122
Rossrucker, Karl: 60, 62
Roth: 40
Rothacker, Adolf: 37, 38, 44, 158
Rudzinski, Sandra: 58
Ruf, Jürgen: 131, 200
Ruf, Karin: 99, 200
Rumpf, J.: 77
Rust, Berthold: 71
Rust, Helmut: 76, 122
Ruttmann, Vorstandsmitglied: 158
Saif, Annemarie: 97, 98, 201
Saletinger, Anton: 122
Salewski, K.: 76
Salewski, Willi: 75 f., 145
Salveter, W.: 76, 78
Satzke, Wilfried: 70
Sauer, F. 76
Sauer, Wolfgang: 137
Schäfer, Klaus: 58
Schäffer, Leonhard: 62
Scheit, Karl: 33, 39, 60, 62, 64, 75, 152, 163
Scheppe, Georg: 29, 31

Scheppe, Jakob: 35, 60, 62
Schien, A.: 76, 78
Schilling, Christian: 24, 25, 30, 40
Schilling, Werner: 122
Schirmer, Wirt: 137, 138, 143
Schirmer, Ursula und Otto: 200
Schläger, Gustav: 108 ff.
Schläger, Th.: 108
Schläger, Victor: 125, 153, 163
Schlichting, H.: 77
Schlienger, Doris: 96, 97
Schlienger, Kurt: 47, 54, 86, 135, 158, 159, 190, 201
Schlüßler, Rüdiger: 76, 122
Schmeling, Max: 39
Schmidt, Dieter: 56, 57, 78, 131, 201
Schmidt, Gerda: 98
Schmidt, Hildegard: 140
Schmidt, Jule: 113
Schmidt, Nikolaus: 122
Schmidt, Rolf: 50, 140, 181
Schmitt, Alfons: 44
Schmitt, Fritz: 35
Schmitt, Hans: 117
Schmitt, Heinz: 70
Schmitt, J.: 77
Schmitt, Karl: 60, 62
Schmitt, P.: 76
Schmitt, Rolf: 70
Schmitt, Wilhelm: 60
Schneckenberger, Rolf: 200
Schneckenberger, Siegfried: 71, 75 f., 87
Schneider, Willi: 117, 119
Schober, Karin: 98
Schober, Victor: 98
Schöll, Werner: 122
Schön, Erwin: 71
Scholl, Rainer: 57, 75
Schreck, Norbert: 122
Schreiber, Holger: 122
Schreiber, Valtin: 60, 158
Schröder, Gerhard: 10
Schrör, Ruth: 98
Schüssler, Wirt: 140, 141, 143

Schwab: 86
Schweizer, Otto: 88
Seitz, Philipp: 32, 64
Senger, Heinrich: 122
Siebmann, Egon: 33, 35
Siegel, Peter: 42, 45, 87
Siemth: 87
Simon, Fritz: 104
Skobacz, Annelise: 98
Söhner, Adolf: 29, 30, 31, 152, 163
Söhner, Frieda: 30
Sommer, Luise: 98
Sommerfeld, Karl-Heinz: 43, 45, 47, 100, 101
Speidel, Ferdinand: 116, 117, 119
Spies: 87
Spitzenberger: 40, 66
Staudt, Andrea: 98
Staudt, Cäcilia: 98
Staudtmeister, Hermann: 35
Stein, G.: 25, 27, 152, 163
Steinmann, Klaus Dieter: 122
Stöckler, August: 45, 129
Stoll: 66, 86
Stollmeyer: 47
Storz, Hermann: 122
Strauß, K.: 25
Stückle, Milada: 50, 53, 160, 161, 163, 164
Stückle, Werner: 201
Sudau, Christel: 98
Sulz, Otto: 113
Szarpak, Richard: 75, 90, 91, 190
Tahedl: 40, 66
Tahedl, Herbert: 49, 102 f.
Teufel, Erwin: 12
Teutsch, Mario: 75
Thorn, Richard: 32, 60, 62, 64
Tidona, P.: 77
Tildmann, Claus: 97
Tomaschko, H.: 68
Träutlein, Günter: 70, 75
Transier, Philipp: 110
Trautmann, Heidemarie: 56
Trautmann, Karl-Heinz: 50, 56
Treffinger, Gabriele: 98
Trinkaus, Hans: 110
Trippmacher, Volker: 50
Trump, Magda: 98
Trundt, W.: 76
Trzaskowski, Thomas: 71, 75
Tschammer und Osten, Hans von: 38, 39
Twardy, Michael: 122
Ucharim, Vorstandsmitglied: 158
Uhlemann, Max: 41, 159
Uhrig, Veronika: 98
Umlauf, Klaus: 102 f.
Unrath, Michael: 50, 52, 53, 140, 160, 161, 163, 164
Utz, Ellen: 98
Veitengruber: 66
Vesper, Dieter: 122
Viertler, B.: 85
Vogel, Karl: 32, 47, 64, 108, 120, 160, 170-173
Wagemann: 87
Wagensinn: 86
Wagner, Karl: 68, 69
Wahl, Theo: 75
Wallner, Otto: 122
Weber, Edgar: 42, 68, 69
Weber, Eugen: 39, 60, 62
Weber, Georg: 39
Weber, Gustav: 60, 62
Weber, Herbert: 32, 39, 64, 66
Weber, Max: 29, 85, 110
Weber, Valentin: 35, 127
Wegner, Konstanze: 50
Weidner, Manfred: 122
Weidner, Wirt: 141, 143
Wessely: 86
Wickles, Roland: 122
Widmayer, Albert: 122
Widmayer, Wolfgang: 122
Wiest, Georg: 137, 143
Willoweit, Horst: 117, 118, 119
Winterkorn, Günter: 91
Wipfel, Franz: 104
Wiswesser, W.: 85
Witzel, H. J.: 76
Wöllner, Gerhard: 42

Wöllner, Ruth: 201
Wörthmüller, Ingrid: 98
Wolf, Terese: 98
Wolf, Jakob: 35
Wolf, Norbert: 42
Wolf, Norman; 122
Wolfram, Martin: 97

Yasar, R.: 77
Zenger, Ludwig: 76, 122
Zieger, Fritz: 32
Zieger, Rudi: 42, 66, 75
Zorn, Vorstandsmitglied: 158
Zund, Walter: 42, 44, 46, 60, 68

Schlagwortregister

AH: 75-80
Alemannia Rheinau: 38, 127, 145, 147, 149
Amerikaner: 39, 41, 95, 127
Arbeitersportbewegung: 23, 31, 37, 39, 82 f.,
Ausflüge: 30, 34, 48, 122
Ausländer: 81
Boxen: 47, 49, 53, 111-121
Damenfußball-Mannschaft: 52, 53
Dritte Mannschaft: 49, 122
Drittes Reich: 36-39, 127, 157 f.
Erster Weltkrieg: 29 f.
Fahne: 27, 37, 38, 44
Fasnachtsveranstaltungen: 149-151
Fußball: 31, 32, 33, 38, 40, 40, 42, 47, 48, 49, 53, 55, 60, 61-75, 151, 190 f.
Gaststätte: 136-143, 190 f.
Gründung: 25
Grüne Jäger: 44, 45
Gründungsmitglieder: 24, 30, 40
Grün-Weiße Nacht: 149
Handball-Abteilung: 43, 108-110
Heinrich-Frey-Turnier: 45, 49, 144 f.
Jubiläum 1926: 35
Jubiläum 1951: 24, 40, 44
Jubiläum 2001: 57
Jugendliche: 38, 43, 47, 49, 55, 82-93, 190 f.
Juventus Rheinau: 81, 190
Koronarsport: 55, 97, 99, 191
Männergesangverein 1896 Rheinau: 129, 140, 190

Meisterschaft: 32, 33, 40, 41, 49, 55, 60, 62, 63, 66, 67, 67, 70, 72, 73, 74, 86, 91
Mitgliederzahl: 33, 43, 190
Nationalsozialisten: 36-39
Naturfreunde: 131, 190
Privatmannschaft: 81, 190
Rheinauer Fußball-Pokal: 53, 56, 144-149
Schülermannschaften: 46, 49, 85
SG: 41
Shanty-Chor: 58, 131, 190
Skat-Club Rheinau: 131, 190
Sozialdemokratische Partei: 26
SPIEGEL: 187
Spielmannszug des Vereins: 29, 33, 34
Sponsoring: 26, 33, 125, 200
Sportclub Pfingstberg-Hochstätt: 50, 51, 57, 110, 145, 147, 149
Sportclub Rot-Weiß Rheinau: 50, 51, 145, 147, 149
Theatergruppe: 33, 148, 149
Tischtennis-Abteilung: 43, 47, 53, 55, 100-105, 190 f., 200
TSV Neckarau: 113
Turnbetrieb: 26, 31, 47, 55, 95-99, 190 f.
Turniere: 45, 53, 144-149
Turnverein 1893 Rheinau: 23, 26, 41, 43, 50, 110
Verbot: 36-39
Vereinsanlage: 41, 53, 55, 60, 124-135, 190
Vorstände: 33, 45, 47, 51, 53, 152-164
Wirbelsäulengymnastik: 97, 98, 190 f.